O ofício da origem

Uma leitura de
Sobre o futuro de nossos estabelecimentos de ensino
de Nietzsche

Fabiano Lemos

O ofício da origem

Uma leitura de
Sobre o futuro de nossos estabelecimentos de ensino
de Nietzsche

KOTTER EDITORIAL

Arte da capa: Marcelo de Angelis
Revisão: Bureau do Brejo
Projeto Gráfico: Fernando Ribeiro
Editora Assistente: Cristiane Nienkötter
Editoria de Filosofia: Vivianne de Castilho Moreira

Editor: Sálvio Nienkötter

Dados Internacionais de Catalograçnao na Publicação (CIP)
Andreia de Almeida CRB-8/7889

Lemos, Fabiano
O ofício da origem: uma leitura de 'Sobre o futuro de nossos estabelecimentos de ensino' de Nietzsche / Fabiano Lemos ; coordenação de Vivianne de Castilho Moreira. – Curitiba : Kotter Editorial, 2016.
160 p. (Mire e veja)

Bibliografia
ISBN 978-85-684-6232-4

1. Filosofia 2. Educação - Filosofia 3. Nietzsche Friedrich Wilhelm, 1844-1900 I. Título II. Moreira, Vivianne de Castilho

17-0079 CDD 100

Texto adequado às novas regras do acordo ortográfico de 1990, em vigor no Brasil desde 2009.

KOTTER
EDITORIAL

Rua das Cerejeiras, 194
CEP: 82700-510 – Curitiba – PR
Tel. +55(41) 3585-5161
www.kotter.com.br | contato@kotter.com.br

1ª edição
2016

Urtheil — Zersetzung.
Novalis

Também para Ulysses.

PREFÁCIO

Este livro é a continuação do trabalho publicado em 2015 sob o título *Soldados e centauros. Educação, filosofia e messianismo no jovem Nietzsche, 1858-1869*, ao mesmo tempo em que apresenta uma ampla reformulação da segunda parte de minha tese de doutorado, defendida em 2009. Se no primeiro livro me ocupei em reconstruir a paisagem histórico-conceitual onde Nietzsche desenvolveu aquilo que chamei de sua primeira filosofia da cultura, meu interesse aqui se concentra em uma análise mais detida do texto das conferências *Sobre o futuro de nossos estabelecimentos de ensino <Über die Zukunft unsere Bildungsantalten>*, de 1872. Essa abordagem mais exegética, no entanto, ainda depende de uma compreensão histórica das posições desenvolvidas, geralmente de modo muito sinuoso, por Nietzsche em sua juventude. Apesar de ter modificado partes importantes dos argumentos que havia sustentado por ocasião de meu doutoramento —, graças às discussões travadas nos cursos que tenho ministrado na graduação e na pós-graduação em Filosofia da UERJ — continuo partindo do princípio de que uma leitura mais arqueológica (no sentido foucaultiano) pode fazer surgir um nível de complexidade que a abordagem metafísica não consegue alcançar — o que, evidentemente, não retire a importância desse tipo de abordagem.

Apesar de ser um trabalho que retoma uma reflexão desenvolvida há alguns anos, não tenho a pretensão de anunciar nenhum tipo de grande chave de leitura para a obra de Nietzsche como um todo. É claro que, como se perceberá, faço alianças metodológicas e recuso muitas interpretações. Contudo, gostaria de pensar este texto como um esforço rigoroso, mas bastante restrito, de pesquisa em torno desse autor que, como disse em certa ocasião Peter Sloterdjik, é um *autor de autores*. Ao final, a personagem *Nietzsche* me interessa muito pouco. É com o *evento Nietzsche*, não como acontecimento singular, mas como manifestação de uma certa configuração epistemológica, que me ocupo. O tom apologético comum entre seus comentadores, devo confessar, já não me indispõe tanto, mas sua persistência ainda me surpreende. Este livro opõe-se a essa *Stimung* que, paradoxalmente, torna vulgar um pensamento tão radical. É um livro, portanto, sobre a desimportância da figura biográfica de Nietzsche, ou seja, um texto sobre seu (importante) significado filosófico.

Além disso, não é possível evidenciar o extenso elenco de problemas de método erguidos nesta pesquisa sem levar em conta algumas questões de ordem editorial. Nenhuma leitura da *obra* de Nietzsche está isenta das consequências do estado lacunar, fragmentário, interpolado dos textos que viriam a constituí-la, muitas vezes herméticos em função de seu estatuto — que, frequentemente, desconhecemos. Desde o final do século XIX, a tentativa de estabelecer o *corpus* filosófico-biográfico de Nietzsche, projetada inicialmente por sua irmã, foi acompanhada de uma inflamada polêmica a respeito dos critérios que seriam ali aplicados[1]. Heinrich Köselitz e Franz Overbeck foram os primeiros a questionar, ainda que nem sempre enfaticamente, os princípios de *Frau* Nietzsche[2]. Isso não impediu, no entanto, que sua edição, conhecida atualmente como a *Grossoktavausgabe*, publicada entre 1894 e 1926 pela editora de C. G. Naumann, viesse a se estabelecer como a primeira coleção autorizada das obras completas de Nietzsche. Apesar de suas imprecisões filológicas, seus muitos erros de fundamentação cronológica dos textos e das inúmeras manipulações do material feitas por Elisabeth — organizando-o, editando-o e mesmo "reescrevendo-o" de forma a apoiar suas próprias perspectivas sobre o trabalho do irmão —, essa edição serviu de base para praticamente todas as posteriores, inclusive a *Musarion-Ausgabe*, que surgiu entre 1920 e 1929, e que incluía, além do material já publicado, um conjunto dos textos que Nietzsche havia produzido como estudante em Pforta, Bonn e Leipzig, além das primeiras versões dos cursos que foram ministrados durante seu professorado em Basileia e dos estudos de filologia — muitos escritos em

[1] A referência mais autorizada a respeito da história editorial dos textos de Nietzsche, seus impasses e resultados, ainda é a extensa reconstrução de David Marc Hoffmann em *Zur Geschichte des Nietzsche-Archivs*. Colli e Montinari analisam mais abreviadamente essa história no prefácio do volume dedicado aos comentários em sua edição crítica das obras completas (*KSA* XIV, 9-17) e Curt Paul Janz procede do mesmo modo em sua biografia, *Nietzsche — Biografie*, Bd. IV, pp. 164-180. Sobre a relação entre Elisabeth Förster-Nietzsche e seu irmão, especialmente após o *Zusammenbruch* de Turim, a bibliografia é bastante extensa; Carol Diethe descreve de forma pouco acadêmica, mas aparentemente bem-informada, o processo de apropriação do espólio em seu *Nietzsche's Sister and The Will to Power*, notadamente pp. 81-109. Walter Kaufmann também apresenta brevemente o tipo de relacionamento entre os irmãos, insistindo nas distâncias que Nietzsche procurou demarcar na década de 1880 (cf. KAUFMANN, W., *Nietzsche — Philosopher, Psychologist, Antichrist*, pp. 42-71).

[2] Como lembra JANZ, C. P., *op. cit.*, Bd. IV, pp. 172-173.

latim — que formavam sua *Philologica.* Na década seguinte, Karl Schlechta e Hans Joachim Mette empreenderam a primeira revisão crítica desse conjunto e iniciaram a publicação da *Historische Kritische Gesamtausgabe,* que, após cinco volumes publicados, organizados cronologicamente, foi interrompida em 1940 antes mesmo de chegar ao texto de *O nascimento da tragédia.* Essa edição foi estendida um pouco depois por Schlechta na versão hoje publicada em três volumes, as *Werke in drei Bänden.* Apesar da pretensão crítica desta última, todo o material póstumo foi muito reduzido e o *Nachlass* acabou sendo publicado sem nenhum dado mais preciso a respeito de sua composição.

Foi somente em 1968 que Giorgio Colli e Mazzino Montinari tomaram para si a tarefa de restabelecer, tão critica e fielmente quanto possível, o conjunto dos textos escritos por Nietzsche em sua totalidade, além da publicação de todo seu epistolário remanescente. Desfazendo muitos dos equívocos até então perpetuados a respeito do estado das obras e do contexto em que foram escritas, sua opção, apoiada em uma profunda pesquisa filológica, foi a de publicar tudo em ordem cronológica[3]. Isso acabou, de certo modo, por pulverizar certos conjuntos que antes eram tidos como pertencentes a um mesmo projeto bibliográfico e nos colocar diante de um monumental *Nachlass.* O resultado são as *Werke* (*Kritische Gesamtausgabe*) — e a respectiva versão de bolso, a *Kritische Studienausgabe,* que mais frequentemente utilizo aqui — que reúne uma extensa e fragmentada coletânea de escritos: uma espécie de quebra-cabeças que, ao mesmo tempo em que impede, com seus contornos mais precisos, a criação de imagens arbitrárias, pode ser montado segundo diferentes princípios.

Nenhuma dessas edições, contudo — nem mesmo a de Colli e Montinari —, pode oferecer, isoladamente, as ferramentas necessárias para a pesquisa que busco realizar aqui. Embora esta última seja, de fato, a versão mais confiável no que se refere aos textos escritos por Nietzsche, duas razões principais me parecem justificar o uso de outras edições. Em primeiro lugar, apenas muito recentemente os cursos que Nietzsche havia ministrado em Basileia e os escritos anteriores a 1869 — que formam boa parte do escopo a ser abordado aqui — vieram integrar os volumes de Colli e Montinari[4], de modo que uma parte imensa da literatura crítica sobre Nietzsche ainda se apoia em versões anteriores; no caso do material referido, especialmente na *Musarion-Ausgabe.* Em segundo lugar, o critério cronológico de Colli e Montinari acaba, muitas vezes, por recobrir certas unidades temáticas que, de fato, resistem

[3] Os princípios editoriais dessa edição são apresentados resumidamente em *KSA* XIV, 18-20.
[4] Mais precisamente, a partir da década de 1990.

à reconstrução filológica, e, nesse caso, as edições de Schlechta e Mette são muito úteis[5]. Por esses motivos, adoto ao longo do trabalho as edições que me pareceram melhor servir ao objetivo da análise em cada momento. Sempre que possível, no entanto, as cotejei com a versão mais recente.

Este trabalho foi constante e amplamente melhorado pelas leituras atenciosas de Ulysses Pinheiro e Ricardo Barbosa. Também meus alunos na graduação e na pós-graduação me ajudaram, sabendo ou não, a tornar cada um dos argumentos desenvolvidos aqui mais claro. As idiossincrasias e deficiências que resistiram são todas de minha inteira responsabilidade.

Rio de Janeiro, fevereiro de 2016.

[5] Os princípios de Colli e Montinari não estiveram, obviamente, isentos de crítica, embora sejam considerados, em larga medida, como os mais pertinentes estabelecidos até agora. Jacques Derrida, por exemplo, não se isenta de indicar como seus critérios constituem "um momento de sonambulismo hermenêutico, segundo o qual cada palavra recobre com a tranquilidade mais descuidada um formigueiro de questões críticas" (DERRIDA, J., *Éperons — les styles de Nietzsche*, p. 104).

LISTA DAS ABREVIATURAS DAS OBRAS DE NIETZSCHE

KGB: *Briefwechsel,* hrsg. von Colli, Montinari, 16 Bände, Berlin und New York: de Gruyter.

Mus.: *Gesammelte Werke,* hrsg. von. Max Oehler und Richard Oehler, München: Musarion.

KSB: *Sämtliche Briefe. Kristische Studienausgabe in 8 Bänden,* hrsg. von Giorgio Colli und Mazzino Montinari, Munchen, Berlin und New York: Deutscher Taschenbuch Verlag und Walter de Gruyter.

KSA: *Sämtliche Werke. Kristische Studienausgabe in 15 Bänden,* hrsg. von Giorgio Colli und Mazzino Montinari, Munchen, Berlin und New York: Deutscher Taschenbuch Verlag und Walter de Gruyter.

KGW: *Werke. Kritische Gesamtausgabe* hrsg. von Giorgio Colli und Mazzino Montinari, Berlin/New York: Walter de Gruyter.

HKG: *Werke - Historisch-Kritisch Gesamtausgabe,* 5 Bände, hrsg. von H. J. Mette und K. Schlechta, München: C. B. Beck.

WdB: *Werke in drei Bänden,* hrsg. von K. Schlechta, München: C. Hanser.

INTRODUÇÃO

Entre janeiro e março de 1872, o jovem professor de filologia clássica da Universidade de Basileia, Friedrich Nietzsche, pronunciou uma série de conferências no auditório do museu da cidade com uma esperança messiânica, que sua correspondência e suas anotações pessoais atestam. E o faz abordando a questão que estava na ordem do dia: a guerra cultural entre, de um lado, os professores das assim chamadas disciplinas "humanistas", as *Geistwissenschaften*, e, de outro, os partidários de uma educação pragmático-tecnicista, que o recente, embora tardio, desenvolvimento econômico da Alemanha naquele período permitiu que entrassem em cena. Nietzsche deu a essas conferências o título *Sobre o futuro de nossos estabelecimentos de ensino*, mas seu alvo era muito mais espiritual que institucional. As conferências são o testemunho de pertencimento a um horizonte ideológico que, normalmente tratado como circunstancial por muitos autores, no entanto, constitui o centro mesmo de uma filosofia da cultura que articulava a metafísica de Schopenhauer à estética de Wagner e, com algumas restrições, gradualmente mais enfáticas, ao militarismo de Bismarck. Assim, uma reflexão sobre a posição política de textos como *O nascimento da tragédia*, publicado no momento mesmo em que Nietzsche pronunciava suas conferências, deve começar por essas aulas públicas do domingo após a missa.

A forma e o contexto nos quais as conferências *Sobre o futuro de nossos estabelecimentos de ensino* foram efetivamente pronunciadas determinaram, em grande medida, a história da elaboração e a retórica de seu texto, servindo de referência concreta — talvez a única — não apenas da recepção das propostas pedagógicas de Nietzsche por um público, mas também, e mais fundamentalmente, do modo como elas *procuraram* esse público. Compreender o evento social sob cuja forma elas se deram é extremamente importante para lançar luz sobre certas dimensões ideológicas do texto que, de outro modo, permaneceriam insuspeitas. É significativo, portanto, que elas tenham sido pronunciadas como um ciclo de conferências públicas organizadas pela 'Freiwilligen Akademischen Gesellschaft' <Sociedade Acadêmica Voluntária> entre janeiro e março de 1872.[6] Essa sociedade era a instituição a que pertenciam os eruditos e administradores da cidade de Basileia, e se constituía, ao mesmo tempo, como centro de debate cultural e como conselho administrativo dedicado a implementar resoluções burocráticas referentes à distribuição do currículo, das vagas e outros problemas da universidade, bem como do Pädagogium.[7] Ela era a instituição responsável pela criação do programa conhecido como "Aula des Museums" do *Museum der Kulturen* — fundado como museu etnográfico em 1849 —, onde um professor preparava uma leitura de caráter mais geral e a dirigia a um público cujo acesso à universidade, por diversos motivos, havia se tornado mais difícil.

Foi exatamente esse o programa no qual Nietzsche leu suas conferências. Na verdade, a palestra pública como tipo de evento social havia sido implementada desde o final do século XVIII, como parte do esforço das reformas da *Aufklärung* e neo-humanista em reaproximar o *erudito* especializado da sociedade como um todo, legitimando sua função social ao estreitar esse elo. Essa reaproximação resultava também em um critério de proficiência profissional: o sucesso dessa exposição pública, muitas vezes, colaborava para o desenvolvimento da carreira acadêmica dos professores universitários.

A "aula do Museu" funcionava, assim, duplamente. Em primeiro lugar, ela era o acontecimento que servia de ligação entre a 'consciência popular <*Volksbewusstsein*>"[8] e a *république des lettres*: ao conceber o museu onde esse contato deveria se realizar como espaço privilegiado, geograficamente fora do perímetro restrito da universidade, ela transformava a vida acadêmica em algo palatável ao gosto popular e obedecia aos pressupostos da reforma humboldtiana do ensino, que pretendiam apresentar a pesquisa científica especializada como uma *experiência de vida*. Eventos como esse não estavam à margem da prática de ensino do século XIX. Especialmente na Alemanha eles formavam "um novo tipo de autoridade intelectual — derivada da experiência e não da

[6] 16 de janeiro, 6 e 27 Fevereiro, 5 e 23 de Março.

[7] Cf. JANZ, C. P., *Friedrich Nietzsche — Biographie*, Bd. II, p. 283. Foi essa sociedade que assegurou a Nietzsche parte dos fundos que formaram sua aposentadoria a partir de 1879 (Cf. SCHLECHTA, K., *Chronik in WdB* III, 1370).

[8] JANZ, C. P., Friedrich Nietzsche — Biographie, Bd. II, p. 283.

educação formal".[9] De acordo com esse modelo, o museu duplicava, à luz do dia e para todos, a própria estrutura da ciência neo-humanista: ele devia se constituir como a "organização sistemática" da história da arte e da humanidade[10]. Esse havia sido o princípio utilizado por Wilhelm von Humboldt quando, em 1830, organizou segundo critérios históricos as galerias do museu de Berlim[11].

Em segundo lugar, ela servia para o *Kulturkreis* especializado como uma espécie de índice de sua aceitação social e filosófica, e abria as portas para uma carreira mais amplamente reconhecida. Jakob Burckhardt, por exemplo, parece ter se beneficiado profundamente da repercussão das leituras que havia feito no mesmo programa um pouco antes de Nietzsche[12]. Para este último, no entanto, as teses pouco acadêmicas de *O nascimento da tragédia*, publicado mais ou menos no mesmo período das conferências, podem ter suscitado uma resistência maior no meio científico, ainda que, entre a elite aristocrática de Basileia, ele tenha sido recebido, ao menos durante suas leituras, com inesperada atenção e celebração[13].

---

[9] PENNY, G. H., "The Civic Uses of Science: Ethnology and Civil Society in Imperial Germany". Em: *Osiris*, 2nd Series, Vol. 17, p. 228. Quanto ao caráter *esclarecido* ou *neo-humanista* do ciclo de conferências como evento social, é possível se remeter à sua própria estrutura, que nada tinha de casual. A distribuição cíclica das conferências, se deve sobretudo ao que Riedl chama de "princípio de pensamento compreendido processualmente" (RIEDL, P. Ph., *Öffentliche Rede in der Zeitenwende*, p. 215), próprio da perspectiva cosmopolita da filosofia da *Aufklärung* do final do século XVIII. A ideia de uma série de palestras correlacionadas ilustravam o modelo dinâmico a que deveria se submeter uma *Bildung* geral, afim de que o "processo de formação de opinião coletiva <*kolletiven Meinungsbildungsprozess*>" pudesse ter lugar. (RIEDL, P. Ph., *op. cit.*, p. 216). A organização do evento como "uma série de palestras correlacionadas" é a forma dada para a própria "tarefa <*Aufgabe*>" da conferência pública (PAULSEN, F., *Die deutschen Universitäten und das Universitätsstudium*, p. 240).

[10] PALLAT, L. "Kunst- und Kunstgeschichte Museen" *in* HINNEBERG, P. (hrsg.), *Die Kultur der Gegenwart — Teil I, Abt. I*, p. 253.

[11] *Idem*, p. 254.

[12] JANZ, C. P, *op. cit.*, Bd. II, p. 447.

[13] Por ocasião das conferências, Nietzsche recebeu alguns convites para eventos sociais em círculos mais conservadores (Cf. JANZ, *op. cit.*, Bd. II, p. 450) e divulgou amplamente em sua correspondência mais íntima o sucesso que vinha experimentando. Se acreditarmos na carta que envia a seu editor Fritzsch em 22 de março de 1872, seu público havia chegado ao número de 300 ouvintes. (*KSB* III, 300), e suas palestras teriam sido recebidas com "extraordinário sucesso" (*KSB* III, 277 e 308 — carta de 24 de janeiro e 15 de abril de 1872 à irmã), com "comoção e ardor, sobretudo entre os estudantes universitários". (*KSB* III, 323 — carta de 12 de maio de 1872 a Rhode). Esse testemunho parece ser confirmado pelo de Jacob Burkhardt, que assistiu as conferências, e escreveu nesse período a Arnold von Salis, confirmando o grande o interesse do público, embora pareça considerar as observações de Nietzsche ali um pouco grandiloquentes. (Cf. JANZ, *op. cit.*, Bd. II, p. 447).

Curt Paul Janz caracteriza a aula no museu como um "evento científico-popular",[14] de acordo com um modelo representado exemplarmente pelos ciclos de palestras de Fichte em Jena nos últimos anos do século XVIII[15]. Essa dupla determinação do conteúdo a ser pronunciado, um tanto paradoxalmente, servia de limite entre o público erudito e o não-erudito e diferenciava a aula pública da aula na universidade. Essa divisão se manteve definida e consolidada não apenas na teoria pedagógica, mas no imaginário social de todo o século XIX. Friedrich Paulsen, professor de filosofia contemporâneo e compatriota de Nietzsche, elaborou uma história e uma teoria da educação de viés schopenhaueriano que obtiveram grande repercussão no final do século XIX e início do XX, e que descreviam a conferência pública como o modelo geral mais propício a fomentar a educação na sociedade. Com isso Paulsen, tanto quanto os reformadores neo-humanistas e — ainda que por uma ideologia diferente — tanto quanto Nietzsche, não quis dizer que o modelo científico especializado fosse inútil ou ilegítimo. A distinção entre preleção particular, dentro dos limites da universidade — a *Privatvorlesung* —, e preleção pública — a *öffentliche Vorlesung* — deveria servir de garantia para a autonomia do nível de especialização próprio do círculo universitário: "a conferência não pode e não deve ter a tarefa de entregar aos ouvintes o conteúdo completo da ciência, de lhe trazer a quantidade de fatos e problemas, de opiniões e querelas, da história e literatura dessa ciência. Isso é a tarefa de um manual <*Handbuch*> sistemático"[16]. Mas, como Nietzsche, sua visão pedagógica ia ao encontro de uma experiência subjetiva e vitalista da *Bildung*, que deveria servir como matriz para toda e qualquer proposta pedagógica: a vantagem da *Vorlesung* é a vantagem da *experiência* sobre o *cânone*, do *ouvir e ver* sobre o *escrever e ler*. Ela consiste na convicção de que, ao passo que uma *pessoa* transmite o conhecimento, o livro é "uma coisa morta que não pode produzir nenhuma fé". Assim, o conferencista, enquanto "personalidade real", é capaz de fazer surgir essa fé, desde que seja cuidadoso e permita que a própria ciência "viva nele"[17]. Desde que circunscrito em seu limite preciso, o modo como Nietzsche enxergava, ao menos em linhas gerais, a prática pedagógica não era, portanto, absolutamente estranho ao corpo acadêmico — o que a compreensão *especializada* da ideia de *Vorlesung pública* apenas parece confirmar.

---

[14] JANZ, *op. cit.*, Bd. II, p. 444.

[15] RIEDL, P. Ph., *op. cit.*, p. 241.

[16] PAULSEN, F., *op. cit.*, p. 241. Paulsen definia a conferência pública, por oposição à privada, como o evento que se dedicava "a examinar, durante uma pequena hora de estudo, um objeto de interesse geral para um círculo maior de ouvintes, que não encontra frequentemente acesso à universidade." (*Idem*, p. 237).

[17] *Idem*, p. 242.

É preciso relativizar, portanto, o que chamamos aqui de proposta de *reforma* no texto de Nietzsche. Não apenas o confronto com o público especializado, mas também com a sociedade em geral indicam sob que condições ela pôde ser formulada, e indicam também por que, embora as teses das conferências de fato tocassem, de forma mais concreta, no problema da cultura e da formação cultural, elas pareciam mais inofensivas e tiveram menor repercussão que a ideia estetizada de cultura de *O nascimento da tragédia*. É verdade que, ao ocupar o púlpito diante de uma audiência não-especializada, o papel do professor era tradicionalmente o de incentivar ou criticar certas tendências políticas — como foi o caso de Fichte, em Jena — através de um tema que se referia diretamente às preocupações cotidianas da sociedade em geral.[18] Mas no caso de Nietzsche isso parece ter sido um pouco diferente, principalmente porque a Suíça, preocupada em manter sua neutralidade nesse período imediatamente após a guerra de unificação alemã, procurou se definir como um lugar menos disposto a agitações políticas.

O caráter panfletário das palestras pedagógicas teve como limite essa resistência ideológica, que determinou não apenas negativamente, mas, também, positivamente seu conteúdo e que lhe assegurou uma recepção sem grandes polêmicas. Precisamente isso permitiu ao texto ser compreendido em seu lugar próprio: não no parlamento nacional, mas em um *Kulturkreis* não completamente acadêmico. O confronto com a realidade social de Basileia nos indica como corrigir sua tonalidade contra a super-interpretação de suas intenções. A política de Nietzsche vinculada à sua proposta de reforma cultural era, essencialmente, moral e idealista. Seu interesse, nesse aspecto próximo do de Kant, estava na revolução interna dos homens, no *Schwärmerei*, na destruição de seus edifícios psicológicos e não concretos. Muito menos que a polêmica, Nietzsche procurou, incessantemente, o *lugar* onde pudesse iniciar um diálogo, e, mais ainda, enquanto esteve ocupado com suas propostas de reforma pedagógica, dedicou-se a procurar um *público* que estivesse disposto a se constituir como um *novo público*, a ser educado enquanto alemão, a partir do wagnerianiasmo e da filosofia de Schopenhauer. É somente nesse sentido que se pode falar de uma política de Nietzsche. Mesmo sua participação no processo de construção do teatro de Bayreuth nunca ultrapassou os limites da propaganda ideológica. Seu ativismo pedagógico — diferentemente do de Hegel, por exemplo, que havia efetivamente exercido o cargo de reitor da Universidade de Berlim em 1831 — era um ativismo orientado segundo a figura do professor clássico, inspirado, sobretudo, em Goethe, e, sob esse aspecto,

---

[18] RIEDL, P. Ph., *op. cit.*, p. 230.

não em Wagner. Assim, embora as propostas desenvolvidas nas conferências tivessem como objeto a cultura alemã, o clima ideal em que elas deveriam ser discutidas, ao que parece, foi encontrado no círculo restrito da sociedade suíça. A hesitação de Nietzsche quanto a fazer o texto alcançar um público maior, que adiou indefinidamente sua publicação, estava diretamente relacionada com a perda dessa garantia de neutralidade política, impossível em outro lugar.

Essa contextualização, contudo, não diminui a importância do texto, sobretudo por seus impasses externos, pelo que ele *não é*. Nietzsche entendeu que ele deveria ser uma das realizações práticas de sua perspectiva sobre o "ser alemão <deutsche Wesen>"[19] e que sua publicação deveria revelar, nitida e exemplarmente, suas intenções em relação a esse ponto.[20] Era como texto, a ser lido por um público muito mais amplo que o de Basileia e que o do círculo de eruditos da universidade, que deveria promover essa revelação, mas ele nunca chegou a ser definitivamente redigido sob essa forma. A história de seu estabelecimento — não o das conferências como chegaram até nós, mas do que elas apenas anunciam — assinala como o deslocamento de suas ideias pedagógicas para fora do púlpito do *Museum der Kulturen* exigiu um esforço que nunca foi levado a termo.

Nietzsche parece ter se ocupado das conferências incessantemente, com maior ou menor dedicação, praticamente durante todo o ano de 1872, e suas atitudes e expectativas em relação a elas encontram-se exaustivamente narradas em sua correspondência. Na verdade, seu trabalho — ao menos no que se refere à sua concepção geral — em torno das *Bildungsvorträge* já havia começado em novembro de 1871,[21] em meio a muitos deveres profissionais em Basileia e visitas a Richard e Cosima Wagner em Tribschen. Inicialmente, o plano para o ciclo de conferências deveria conter seis delas, e é sob essa forma que Nietzsche propõe sua publicação a seu editor, o mesmo de *O nascimento da tragédia*, em março[22]. Os impasses, contudo, começam a ameaçar

[19] *KSB* III, 282 — carta de 30 de janeiro de 1871 a Ritschl.

[20] Cf. *KSB* III, 304 — carta de 6 de abril de 1872 a Ritschl.

[21] Cf. *KSB* III, 244 — carta de 18 de novembro de 1871 à irmã.

[22] Cf. *KSB* III, 300 — carta de 22 de março de 1872 a seu editor. Ainda no final de julho de 1872, Nietzsche pensa em pronunciar a sexta conferência no começo do inverno, cogitando a possibilidade, inclusive, de incluir uma sétima mais adiante (Cf. *KSB* IV, 35 — carta de 25 de julho de 1872 a Rhode). Algumas notas pessoais desse período confirmam esse número (Cf. *KSA* VII, 249 e 254-256). Segundo o plano esboçado em um deles (*KSA* I, 255), a sexta conferência se dedicaria a analisar o "homem de cultura degenerado *<entarte Bildungsmensch>*" e a imprensa, enquanto a última descreveria a escola <Schule> do futuro. Mas, como confessa a Wagner, essa tarefa começa a lhe parecer difícil, ainda que a dificuldade sirva para demonstrar sua "boa intenção" em tratar do tema (*KSB* IV, 39 — carta de 25 de julho a Richard Wagner).

esse projeto logo depois de sua quinta leitura pública. De fato, já em abril, Nietzsche confessa que a indiferença hostil do público especializado contra *O nascimento da tragédia*, e contra a conferência inaugural de 1869, *Homer und die klassische Philologie*, o havia levado a considerar o adiamento da conclusão do texto[23]. Mas seu epistolário de todo o segundo semestre daquele ano revela que ele continuava avidamente trabalhando nessa redação, e até mesmo que essa era sua principal atividade e seu "tema principal <*Hauptthema*>"[24]. É possível que essa ocupação tardia, no entanto, já não pretendesse nem a leitura pública das palestras conclusivas — um plano jamais retomado — nem a publicação do material já escrito, mas, antes, fosse o trabalho de releitura e modificação desses escritos em larga medida. Isso porque, em novembro, Nietzsche envia a Mawilda von Meysenbug as cinco conferências, notando que: "agora me parece impossível deixar publicar algo assim, que não avança suficientemente em profundidade e é adornado com uma *farce* [em francês, no texto] cuja invenção é tão pobre"[25]. Ainda assim, Nietzsche se alegra com a recepção que o texto encontra na Itália, mais especificamente em Florença, onde havia chegado por intermédio de Mawilda von Meysenbug, e onde algumas ideias de reforma pedagógica estavam sendo fomentadas. O fato de que o texto estava, nessa altura, sendo traduzido ali lhe desperta alguma expectativa[26].

Essa expectativa logo dá lugar a outras preocupações. Menos de um mês depois, o destino das conferências parece determinado por uma outra reflexão pedagógica, mais profunda, ainda a ser feita e adiada para mais tarde, e que não poderia mais comportar um exercício como o que as primeiras haviam iniciado — é a primeira declaração de abandono, confessada à mesma senhora von Meysenbug:

> A senhora leu agora as conferências e ficou espantada sobre como a história é abandonada abruptamente, logo depois de um prelúdio tão demorado, e tantas grandes negações e tanta prolixidade, que resultaram em uma sede sempre mais forte por pensamentos e propostas realmente novos. Fica-se com a garganta seca com essa leitura e não se tem nada para beber! Na verdade o que se deu é que o que eu havia pensado para a última

[23] Cf. *KSB* III, 313-314 — carta de 30 de abril de 1872 a Rhode.

[24] *KSB* IV, 56 — carta de 1º de outubro de 1872 à mãe.

[25] *KSB* IV, 83 — carta de 7 de novembro de 1872.

[26] *KSB* IV, 97-98 — carta de 7 de dezembro de 1872 a Rhode. Mais tarde, a própria senhora Meysenbug assumirá a tarefa de traduzir o texto para o italiano afim de que ele fosse publicado em um jornal em Florença, o que nunca aconteceu (cf. *KSB* IV, 120 — carta de 31 de janeiro de 1873 a Rhode).

> conferência — uma cena de iluminação noturna muito extravagante e colorida — não convinha ao meu público de Basileia, e foi certamente muito bom que a palavra tenha ficado presa em minha boca. De resto, estou bem ansioso por uma continuação, mas como adiei um pouco toda a reflexão sobre esse domínio <Gebiet>, talvez por um triênio — o que é fácil para mim na minha idade — assim, a última conferência não será nunca retomada (Carta de 20 de dezembro de 1872 a Mawilda von Meysenbug — *KSB* IV, 104).

É também à mesma correspondente que, em fevereiro do ano seguinte, Nietzsche reafirma a necessidade de repensar seu conceito de cultura de forma mais completa e profunda:

> Estou surpreso e contente, adorada senhora, que minhas conferências tenham encontrado tanto sua atenção e sua aprovação; mas a senhora deve acreditar em mim, em minha honestidade, que posso melhorar tudo em dois anos, e vou melhorar. Por enquanto essas conferências têm para mim um significado exortativo: elas me lembram de um encargo ou de uma tarefa que me cabe, sobretudo agora que o mestre, solene e publicamente, a colocou sobre meus ombros[27]. Mas isso não é tarefa para gente tão jovem como eu, deve-se admitir que eu devo, se não crescer, ao menos envelhecer um pouco mais ou ter mais idade. Acredite que essas conferências são primitivas e, assim, algo improvisadas. Não as considero muito, especialmente no que diz respeito à sua roupagem <Einkleidung>. Frtizsch estava disposto a publicá-las, mas eu jurei não deixar aparecer nenhum livro do qual eu não tivesse uma consciência <Gewissen> tão pura quanto a de um

[27] Trata-se da carta aberta de Wagner em defesa de *O nascimento da tragédia*, publicada em novembro de 1872 na *Musikalisches Wochenblatt*, onde a pergunta "Wie steht es um unsere deutschen Bildungsanstalten?" é deixada para ser respondida por Nietzsche, com a ressalva de que a resposta não deve ser dada apressadamente, ao contrário, deve "ser a tarefa de toda uma vida <Aufgabe eines ganzen Lebens>". Cf. WAGNER, R., *Sämtliche Schriften und Dichtungen*, neunter Band, p. 301.

> serafim. Não é esse o caso dessas conferências, elas devem e podem ser melhores (...). (KSB IV, 127-128).[28]

É possível que, desde o primeiro esboço do texto, Nietzsche estivesse atento para a provável dificuldade de uma recepção ideologicamente mais engajada, tal como havia sido desejada. O relativo sucesso das conferências como *evento* não esconde seu grande fracasso como *proposta* ou *tarefa*. Um fragmento do outono de 1872 considera que o fato de ter deixado o livro fora do alcance de um público maior pode ter sido favorável àqueles poucos, os "de tipo ainda a ser descrito <*zu beschreibenden Art*>" (*KSA* VII, 254) a quem Nietzsche permitiu o acesso ao texto a partir de cópias privadas. Esse texto, que circulou apenas entre os amigos mais íntimos, encontraria seu destino sob duas formas: a primeira, na reelaboração de sua introdução como o capítulo "*Gedanken über die Zukunft unserer Bildungsanstalten*", que foi o segundo dos cinco prefácios de *Fünf Vorreden zu fünf ungeschriebenen Büchern*, que Nietzsche havia escrito para Cosima Wagner por ocasião do Natal de 1872[29]; a segunda, na inclusão de algumas breves passagens suas, ligeiramente modificadas, na primeira e na terceira parte das *Considerações Extemporâneas*, publicadas, respectivamente, em 1873 e 1874 — o que nos permite ler esses últimos textos como as duas primeiras tentativas de repensar o problema da *Bildung* e da *Kultur* após as conferências. A diferença de forma e conteúdo entre eles demonstra até que ponto essa reformulação resultou no progressivo afastamento de suas ideias iniciais[30].

Talvez seja preciso acrescentar ao problema da recepção do texto um outro motivo, de ordem mais diretamente filosófica, que também se mostra retroalimentado por ele: a preocupação de Nietzsche com a formulação de uma base epistemológica capaz de sustentar sua filosofia da cultura. A preparação do curso de retórica, que seria ministrado no final de 1872, através da discussão da natureza da linguagem que dela derivaria, marcaria o ponto mais alto dessa formulação e levaria Nietzsche a reformular boa parte de suas teses, condenando o projeto de publicação das conferências a uma reavaliação mais

---

[28] Apesar disso, uma carta a von Gersdorff afirma a intenção de Nietzsche, ainda em abril de 1873, de concluir uma sexta conferência, embora possivelmente não para ser publicada (cf. *KSB* IV, 139).

[29] O texto era uma nova redação do prefácio que Nietzsche havia escrito para as conferências quando pensava em publicá-las. (cf. *KSB* IV, 108 — carta a Rhode de 4 de janeiro de 1873), mais curta, mas bastante parecida com a versão original.

[30] A passagem da primeira conferência em *KSA* I, 667, por exemplo, é repetida quase literalmente no sexto capítulo de *Schopenhauer como educador*, em *KSA* I, 387.

ampla, que nunca chegou, de fato, a ser realizada. Sob esse aspecto, o *texto* de *Sobre o futuro de nossos estabelecimentos de ensino*, tal como foi pensado por Nietzsche como *obra*, nunca existiu — e o mesmo pode ser dito da *pedagogia* que nele se formula. Em relação a ele, bem como ao projeto de reforma da Bildung que pretenderia promover, só nos restam os vestígios de sua impossibilidade. Cada uma das teses desenvolvidas no interior das conferências tal como as lemos hoje está circunscrita por essa negação. E ao nos voltarmos para elas, estaremos sempre ocupando a posição impossível do público que Nietzsche nunca teve diante de si, ou a de seu personagem misterioso, que, como o Godot de Beckett, nunca chega à cena para pôr fim à espera por ocasião da qual toda a ação decorre. O esforço conceitual de qualquer análise dificilmente conseguirá esconder essa pretensão fundamental, de estar sempre além — ou aquém — desse vazio, ponto cego e impenetrável das conferências.

Capítulo Um

COMO A LINGUAGEM SE TORNA O QUE É

BILDUNG COMO DISCURSO, DISCURSO COMO *BILDUNG*

Der uneigennützige Idealismus, meine Herren Richter, ist ein Vorrecht des Deutschen...

Heinrich Mann

Poucos eixos temáticos atravessaram o trabalho de Nietzsche com tanta insistência quanto o do problema da linguagem, e, à parte as diferenças interpretativas, esse costuma ser um consenso entre seus comentadores[31]. Não é nenhuma surpresa, portanto, o fato de que as conferências sobre educação de 1872 tenham partido de um horizonte epistemológico que articulava, não exclusivamente, mas de forma extremamente relevante, determinadas teses relativas ao tema. Na verdade, esse horizonte já circunscrevia, há algum tempo, o lugar central da questão da linguagem à concepção nietzscheana de *Bildung* e *Kultur*, o que se deduz a partir de fragmentos que remontam mesmo ao período anterior ao seu professorado. O que, contudo, caracteriza suas investigações até esse momento é a recorrência de uma leitura que, majoritariamente, sondava a linguagem a partir do que poderíamos chamar, provisoriamente, de sua dimensão *ética*. Essa característica certamente persistiria ainda longamente, talvez se estendendo, transformada, mesmo depois do progressivo abandono de suas propostas pedagógicas dos primeiros anos em Basileia. O que a prática filológica de Ritschl, a filosofia do estilo de Schopenhauer e a poesia romântica de Wagner haviam consolidado como referência para a ideia de cultura e formação cultural em Nietzsche era justamente essa dupla relação com o *corpus* linguístico da Alemanha (e da antiguidade como seu duplo). Essa dupla

[31] Ver, por exemplo, SCHRIFT, A. D., "Language, Metaphor, Rhetoric: Nietzsche's deconstruction of Epistemology" *in Journal of the history of philosophy*, vol. XXIII, n. 3, p. 371-395; EMDEN, Ch., *Nietzsche on language, consciousness and the body*, p. 1; HÖDL, H. G., *Nietzsches frühe Sprachkritik*, p. 13.

relação tinha, por um lado, uma dimensão *individual*, voltada para a *Bildung*, e assinalava o valor do *ethos* do escritor segundo uma concepção de virtude que sintetizava ciência, filosofia e arte — disciplina, autossacrifício, expressividade simples e natural. E tinha também, por outro lado, uma dimensão *coletiva*, dirigida à *Kultur*, que insistia no *ethos* do leitor como representante de um público aristocrático ideal — algo para o qual Nietzsche apelou ao acrescentar, posteriormente, um prefácio às suas conferências, que, portanto, não se destinava a ser ouvido, mas lido pelo seu público[32].

Isso, contudo, não significa que suas reflexões nesse período não dedicassem nenhuma atenção ao problema epistemológico da *natureza* da linguagem. Além de alguns de seus exercícios escolares e do tempo de Leipzig, que podem ser descritos como cumprimento relativamente desinteressado de uma obrigação acadêmica, alguns fragmentos escritos privadamente indicam uma certa persistência do tema, ainda que bem menos incisiva do que nos textos sobre a importância da qualidade estilística da cultura ou sobre a linguagem do gênio. Os fragmentos escritos entre 1869 e 1870 que buscavam comparar a natureza da linguagem e da música[33], um fragmento mais longo, do mesmo período, intitulado *Vom Ursprung der Sprache*, sobre a origem da relação entre pensamento e discurso, e mesmo longas passagens de *O nascimento da tragédia*, sobretudo as que abordam o tema da forma da linguagem musical, são alguns importantes exemplos nesse sentido.

É com as conferências, no entanto, que a necessidade de se pensar a natureza da linguagem começa a se tornar progressivamente mais urgente. Isso se deve à economia programática que atravessa seu texto, à necessidade de fundamentar solidamente as ideias de *Bildung* e *Kultur* ali desenvolvidas em um elemento universal. Como pretende David Cooper, a importância dos escritos sobre linguagem deve emergir do reconhecimento da importância da filosofia da educação de Nietzsche[34]. Ainda que as conferências não se detenham explicitamente no tema, elas marcam o momento em que muitas reflexões procuram dar conta da questão, e, em última análise, são sustentadas por essas reflexões, tanto no interstício de seu texto, quanto nos muitos fragmentos que as preparam, justificam ou retomam. Incluem-se aí certas passagens do livro sobre a tragédia.

---

[32] CF. *KSA* I, 648: "O leitor de quem espero algo deve ter três qualidades: deve ser tranquilo e ler sem pressa, não deve interpor sempre a si mesmo e sua 'cultura' <'*Bildung*'>, e não deve, enfim, esperar como solução algo como um resultado ou tabelas".

[33] Por exemplo. Fr. 1 <49> (1869, *KSA* VII, 23-25) e fr. 3 <1> (*KSA* VII, 57-58).

[34] Cf. COOPER, D. E., *Authenticity and learning*, p. VIII.

Mesmo um leitor diletante de Nietzsche percebe imediatamente que não existe em suas obras nenhum esforço sistemático e aprofundado de elaborar uma teoria da linguagem, e isso é válido também para os primeiros anos de professorado, em que um certo impulso para a sistematização parece funcionar como limite de sua atividade como escritor, ainda que muito mais como intenção do que como resultado efetivo[35]. Os textos citados anteriormente enfatizariam ainda mais o problema da *origem* da linguagem concentram-se no problema com certa profundidade, mas somente até o ponto em que permitem sustentar, em linhas gerais, as teses de Nietzsche a respeito da cultura, de sua conexão com a ciência e com a filosofia, e, bem mais tarde, a respeito da verdade e das formas que ela assume nesses domínios. Esse é o caso também de textos mais tardios, como o curso sobre Retórica, ministrado na universidade no semestre de inverno de 1872-1873, e o fragmento *Sobre verdade e mentira no sentido extramoral* <*Über Wahrheit und Lüge im aussermoralischen Sinne*>, de 1873.

Um teoria da linguagem, encarada sob esse ângulo, ainda que se oferecesse como possível matriz de inteligibilidade para a leitura do que se chamou a "obra" de Nietzsche, não poderia ser deduzida, aqui ou em qualquer outro lugar, de forma definitiva ou rigorosa, mas dependeria do *uso* que seus trabalhos lhe solicitam, como lembra Roger Hazelton, resultando no que seria uma posição filosófica "sugestiva e evocativa, ao invés de sistemática ou declarativa"[36].

É precisamente esse uso que faz funcionar nas conferências, implicita ou sub-repticiamente, uma série de considerações sobre a natureza dos conceitos,

---

[35] Entre a pesquisa sobre as fontes de Diógenes Laércio (*De Laertii Diogenis fontibus*, publicado em 1868) e o cuidadoso e extenso índice que elaborou para o *Rheinisches Museum für Philologie* a pedido de Ritschl (publicado em 1872), Nietzsche impunha ainda uma certa intenção sistemática a seus textos como *obras*, embora isso dificilmente tenha se efetuado nos trabalhos de caráter não-filológico. Algo dessa tendência se observa nos incontáveis planos, fatalmente abandonados, de concluir grandes séries de textos, que forneceriam uma visão ampla e aprofundada de suas reflexões filosófico-estéticas — e de sua filosofia da cultura, em último caso (como acontece com os volumes planejados para as *Considerações Extemporâneas* — cf. KSA VIII, 754-755) — assim como no projeto que resultou em *O nascimento da tragédia*. Lacoue-Labarthe conclui, assim, que esse último teria sido o único esforço levado a cabo no sentido de dar uma forma não fragmentária a um de seus textos, sendo *O nascimento da tragédia* "no limite, o único 'Livro' de Nietzsche" (LACOUE-LABARTHE, Ph., "Le détour" *in Poétique*, vol. 5, p. 57).

[36] HAZELTON, R., "Nietzsche's contribution to the theory of language" *in The philosophical review*, vol. 52, n. 1, p. 47. Esse procedimento não-sistemático tem suas raízes nos textos acerca da linguagem mesmos, mas se estende por toda a reflexão de Nietzsche. Como assinala Michel Haar: "O recurso da polissemia e a tentativa de destruir as grandes identidades da tradição baseiam-se em uma teoria da linguagem que toma a linguagem como uma máquina fabricando identidades falsas" (HAAR, M., "Nietzsche and metaphysical language" *in Man and World*, vol. 4, n.4, p. 360).

da fala e da escrita — e isso na medida em que elas procuram agregar ao seu conteúdo ideológico, suficientemente explícito, a contrapartida de um reforma efetivamente possível, ou seja, de uma relação prática renovada com essa ideologia, sobretudo através do exercício da linguagem. Essas considerações formam, portanto, um amplo e impreciso arquipélago, e sua unidade, se a compreendermos como possível, deve passar pelo filtro da hermenêutica de fragmentos muitas vezes obscuros, ambíguos, ou que tratam do problema de forma indireta. Mas, na medida em que esses fragmentos se acumulam, surgem certos nexos de continuidade que organizam o conjunto das reflexões situado, aproximadamente, entre 1869, data de sua entrada em Basileia como professor, e 1876, por ocasião de seu rompimento com Wagner e com a ideia de cultura que ele vinha representando, gradativamente de modo mais insatisfatório.

Segundo essa organização, dois momentos distintos se apresentariam nesse intervalo. A diferença entre eles é, definitivamente, muito sutil, e é difícil determinar em que ponto há, de fato, uma ruptura, uma vez que Nietzsche muitas vezes hesita entre uma ou outra posição epistemológica, dependendo da base ideológica que ele pretende fazer funcionar em seus escritos, especialmente aqueles dirigidos a um público ouvinte ou, mais ainda, leitor. O problema do estabelecimento cronológico dessa ruptura, e mesmo sua própria pertinência, será retomado em detalhe mais adiante. Por enquanto, basta indicarmos, provisoriamente, que é no instante em que essas hesitações passam a ter lugar que podemos assinalar, ao menos, uma mudança significativa, com graves consequências para sua filosofia da cultura. Somente determinando mais precisamente essa mudança é que podemos identificar em qual delas as conferências vêm se inscrever, e, assim, que implicações essa posição traz para a proposta pedagógica de Nietzsche.

O primeiro desses momentos sustenta, de modo geral, a possibilidade de uma linguagem capaz, efetivamente, de expressar, ainda que não de modo direto ou absoluto, a natureza original da qual ela derivou. A princípio, isso parece responder, sobretudo, à relação entre o gênio e a língua, exigida pela filosofia da cultura de Nietzsche, e que aqui deve assumir a função de critério de verdade para essa cultura. A relação construída nesse ponto entre linguagem, *Sprache*, e natureza, ou ainda, entre a linguagem como instrumento da *Bildung* e a ideia de origem como *a priori*, como condição de emergência atemporal da figura do gênio, seja ele Wagner, Schopenhauer ou Píndaro, é uma relação *necessária*. O que a sustenta, portanto, deve ser uma epistemologia conciliatória, em que uma cultura, representada pelo uso que faz de sua língua, pode se adequar ao conteúdo positivo, metafísico e unívoco, que a natureza guarda consigo enquanto origem última, romântica, de toda forma de sociedade, de *Bildung* ou *Kultur*. Essa posição, contudo, revela certas dificuldades em que se concentra boa parte do esforço argumentativo de Nietzsche nesse período. O conjunto de textos que se dedicam a estabelecer as condições dessa reconciliação determina um perímetro que se estende, mais ou menos, até o começo 1872, e as teses de *O nascimento da tragédia*, além dos fragmentos *Vom Ursprung der Sprache* (1869 -1870) e *Über Musik und Wort* (1871) são seu maior exemplo. O limite desse primeiro momento, no entanto, está mais próximo das conferências do que se poderia supor, o que poderia caracterizá-las, caso essa cronologia seja pertinente, como a elaboração definitiva, ou, ao menos, a última versão de uma certa reflexão sobre a linguagem.[37] Em relação a ela, o curso de retórica do final de 1872 inaugura uma significativa distância. O que os estudos e as notas preparatórios para o curso apontam é uma completa revaloração da relação entre linguagem e natureza, e, portanto, entre a cultura e sua origem. De acordo com eles, a radicalização da ideia da artificialidade intrínseca da linguagem como produção humana tornaria impossível qualquer forma de adequação expressiva entre esta e o mundo real, pré-antropomórfico, mitológico, e nenhum critério de verdade poderia ser deduzido ou aplicado ao discurso. Essa epistemologia *anti-romântica*, consensualista, deu margem a todo perspectivismo posterior de Nietzsche, mas seus desenvolvimentos mais antigos remontam, além das notas sobre retórica, a textos da época de *Über Wahreit und Lüge*, talvez o primeiro evidente exemplo dessa distância. Seja como for, nenhum desses dois momentos é suficientemente claro sem uma análise comparativa dos conjuntos de textos que os acompanham.

I. Limites epistemológicos: da ontologia ao discurso

Podemos tomar como primeiro limite o fragmento de 1869, *Vom Ursprung der Sprache*. O que Paul De Man chamou de prevalência de um "padrão" romântico em Nietzsche[38] se aplica exemplarmente ao seu ponto de partida teórico, segundo o qual a origem da linguagem seria anterior ao processo de antropomorfização

[37] Ernst Behler parafraseia a tese desenvolvida por Lacoue-Labarthe, talvez um tanto descuidadamente, do seguinte modo: "Uma clara linha é desenhada entre o Nietzsche de *O nascimento da tragédia* e o Nietzsche da *Exposição da Retórica*, criando uma ruptura tão profunda entre as duas que, no que se refere à linguagem, expressão e arte, um lado afirma o que o outro nega" (BEHLER, E., *"Nietzsche's Study of Greek Rhetoric" in Research in Phenomenology*, n. 25, p. 8).

[38] DE MAN, P., Allegories of reading — figural language in Rousseau, Nietzsche, Rilke, and Proust, pp. 79 e ss.

da cultura, e mesmo aos mecanismos intelectuais dos indivíduos. É dessa forma que o texto apresenta, esquematicamente, sua solução para o "antigo enigma <Altes Räthsel>"[39] que é a essência do discurso: "A linguagem não é nem o trabalho consciente de um nem o de muitos".[40] Anterior a toda diferenciação, a origem residiria na característica mais dionisíaca da natureza, aquela que nos reuniria com o uno primordial, ou aquilo que Claudia Crawford denomina, a partir de uma série de fragmentos de 1870/ 71, o *Ur-Eine*, [41] cuja medida não é o entendimento e seus conceitos, mas a intuição e seu *pathos*: "Resta, então, apenas considerar que a linguagem é o produto dos instintos <Erzeugniss des Instinktes>, como entre as abelhas — o formigueiro etc."[42]. É o núcleo unívoco e informal do mundo, a essência mesma das coisas, da natureza, que se expressa pela primeira vez no discurso. A sequência do texto não deixa nenhuma dúvida quanto a sua dívida com o Romantismo:

> Mas o instinto não é o resultado consciente da reflexão <*Überlegung*>, nem a mera consequência da organização física, nem o resultado de um mecanismo localizado no cérebro, nem o desenvolvimento de um mecanismo de um espírito <*Geiste*>. que viesse de fora, estranho ao seu ser <*Wesen*>, é, antes, a realização <*Leistung*> própria dos indivíduos ou de uma massa, a partir do caráter. O instinto é sobretudo um com o núcleo mais íntimo de um ser <*innersten Kern eines Wesens*>.[43]

Esse germe íntimo da natureza ocupa uma posição que se encontra no extremo oposto em relação à cultura histórica, e, portanto, ao desenvolvimento da linguagem como instrumento intelectual e técnico-pragmático. Assim, é evidente que a história insere na cultura uma alienação de seu ser mesmo, de sua origem[44], e o antagonismo que Nietzsche pretende estabelecer nesse momento entre o *estado atual* da cultura e a *ideia* transtemporal, originária dessa cultura, encontra-se mais uma vez representado. Contudo, a ideologia que dá suporte a toda a sua reflexão filosófica, científica e estética aqui — a que postula a possibilidade mesma de uma revaloração da cultura alemã

[39] *Mus.* V, 467.

[40] Idem.

[41] Cf. CRAWFORD, C., *The beginnings of Nietzsche's theory of language*, pp. 62-64, 160-163. Alguns dos fragmentos a que ela faz referência podem ser encontrados em *KSA* VII, 199-202.

[42] *Mus.* V, 468.

[43] *Idem.*

[44] "O desenvolvimento do pensamento consciente é prejudicial à linguagem" *Mus.* V, 467.

— exige que faça parte da epistemologia da linguagem um elemento que se ofereça como princípio *verdadeiro* para o retorno ao não-histórico. A confiança depositada na vitória contra o historicismo hegeliano legitima todo o conteúdo das conferências pedagógicas, e desde sua introdução, a decadência histórica da *Bildung* "vai de encontro aos desígnios <*Absichten*> igualmente eternos <*ewig*> da natureza"[45]. Essa exigência, em última análise, é a mesma que garante o equilíbrio da segunda *Consideração Extemporânea*, que buscava exatamente analisar a relação da história com a natureza e, apesar de sua crítica violenta também contra Hegel e o hegelianismo, é inegável que a ideia romântica de dialética e reconciliação com a origem penetra e unifica todo o texto[46]. Em *Vom Ursprung der Sprache*, Nietzsche se limita a identificar esse elemento nos *instintos*, que são a conexão perene do humano com o natural, da cultura com a origem, mas não propõe, inclusive pelo caráter fragmentário do texto, nenhuma dedução mais detalhada de uma dialética que ele considera "o próprio problema da filosofia", ou seja, a que se estabelece entre "o completo utilitarismo <*Zweckmässigkeit*> dos organismos e a ausência de consciência <*Bewusstlosigkeit*> em sua emergência <*entstehen*>"[47]. Assim, de acordo com esse panorama esquemático, mas ideologicamente muito preciso, não é surpreendente que o texto termine com uma citação de Schelling que confirma, estrategicamente, suas teses[48].

Outros textos do mesmo período procuram preencher as lacunas desse esboço, acrescentando uma série de considerações mais extensas e cuidadosas a respeito da dialética entre fim <*Zweck*> e origem <*Ursprung*> da linguagem. Isso se observa em especial em *O nascimento da tragédia*, incluindo o longo fragmento que integra o conjunto de seus textos preparatórios, *Über Musik und Wort*[49]. Tal como foi concebido, o livro sobre a tragédia pretendia identificar uma origem pré-discursiva do universo mitológico, ao qual contrapunha seu desenvolvimento posterior na linguagem da tragédia grega. Essa dialética entre a gênese

---

[45] *KSA* I, 647.

[46] Por exemplo, em *KSA* I, 253: "O não-histórico é como uma atmosfera envolvente na qual a vida é engendrada por si mesma, somente para desaparecer mais uma vez com a aniquilação dessa atmosfera. (...) Onde poderiam estar as ações que o homem pode levar a cabo sem que antes ele tivesse entrado nessa camada vaporosa do não histórico?". Para as críticas de Nietzsche contra Hegel, ver *KSA* I, 297 e 308-312.

[47] *Mus.* V, 468.

[48] *Mus.* V, 470.

[49] Esse título aparece somente na edição Musarion; na *KSA* o fragmento aparece no *Nachlass*, sem título, como fora deixado por Nietzsche em seus cadernos.

pré-individual, inefável — princípio cosmogônico dionisíaco — e seu meio de expressão ou representação — princípio mitológico apolíneo — assumiu entre os gregos, ao menos até Sócrates, uma forma geral, presente no teatro antigo, que justificaria toda a superioridade da cultura antiga. O fato de que essa forma, que evidencia a relação particular do *povo* grego com a construção da *língua* grega, possa ser reconstituída na Alemanha wagneriana através de uma reformulação da *Bildung* é mais um indício da convicção de que o futuro dos estabelecimentos de ensino depende da transformação da relação do *povo* alemão com a *língua* alemã. Subterrânea em relação à estética que ele deriva, há no livro sobre a tragédia uma dimensão mais fundamental: uma filosofia da cultura, devedora, por sua vez, de uma epistemologia da linguagem, que nos permite ler a obra como um manifesto político-pedagógico.

Ainda que a figuração da polaridade Dioniso/Apolo não tenha sido uma contribuição original de Nietzsche[50], o mais importante é que ela fez funcionar um dispositivo que associa, de um lado, a metafísica da origem à não-representabilidade, absolutamente verdadeira em si mesma, e, do outro, a prática do discurso a uma apropriação formal, intelectual, equívoca em relação à natureza daquilo que ela deve representar, que é sua gênese. O que essa dicotomia impõe é a ilegitimidade da cultura formal da linguagem, radicalizada no panorama social à época de *O nascimento da tragédia* e das conferências:

> O contraste entre esta verdade mesma da natureza <*eigentlichen Naturwahrheit*> e a mentira da cultura <*Culturlüge*> que se comporta como única realidade é como aquela entre o núcleo eterno das coisas em si e o conjunto do mundo das aparências <*Erscheinungswelt*>.[51]

Não há dúvida de que, já em 1872, Nietzsche defende a completa exterioridade da linguagem em relação às coisas mesmas. Assim, um dos muitos duplos que a polaridade Dioniso/Apolo assume nesse contexto é o par formado por música e

[50] Cf. DEL CARO, A., *"Dionysian Classicism, or Nietzsche's Appropriation of an Aesthetic Norm"*, *Journal of the History of Ideas* , Vol. 50, No. 4 (Oct., 1989), pp. 589-605 e BAEUMER, M. L., "Nietzsche and the tradition of Dionysian" in O'FLAHERTY, J., *Studies in Nietzsche and the Classical tradition*, pp. 165-189.

[51] *KSA* I, 58-59.

palavra, a primeira compreendida como manifestação da esfera do pré-individual[52] e a última como individuação dessa esfera. No entanto, aquela polaridade é resgatada dialeticamente[53], sintetizada sob uma forma linguística que, mesmo que seja ainda e sempre uma simples representação, formaliza o conteúdo metafísico do mundo de tal forma que algo dele se preserva *sugerido*, e uma relação com a verdade como origem se torna *possível*. Essa é a forma do *mito*.

> O mito nos protege da música, assim como, por outro lado, lhe dá a mais alta liberdade. A música empresta, em contrapartida, ao mito trágico um significado <*Bedetsamkeit*> metafísico muito enfático e convincente, o qual a palavra e a imagem, sem essa simples ajuda, não conseguiriam atingir; e através do qual o espectador trágico atinge precisamente esse sentimento seguro de um desejo <*Lust*> superior, que segue um caminho de aniquilação e negação, para que ele possa parecer ouvir como se o abismo mais profundo das coisas falasse acessivelmente com ele.[54]

O inefável dionisíaco é não apenas aquilo que não se expressa como forma, mas, mais fundamentalmente, aquilo que nos rouba a palavra e se abre como risco de desagregação total do indivíduo e, portanto, da cultura que deriva das formas de comunicação. A música, origem instintiva das expressões humanas, sem a linguagem, nos torna um e o mesmo com o "abismo mais profundo das coisas". E o que ela expressa ou comunica é a linguagem da *vontade* primitiva[55], afirma Nietzsche, apropriando-se da metafísica de

---

[52] *"A origem da música reside além de toda individuação <der Ursprung der Musik liegt jenseits aller Individuation>"* (*KSA* VII, 365). Nietzsche afasta uma leitura sentimental de sua tese, considerando os sentimentos sugeridos pela experiência do ouvinte de uma obra musical como já suficientemente individualizada: "O que chamamos de sentimentos <Gefühle> é, na perspectiva dessa vontade, já bastante atravessada pelas representações conscientes e inconscientes, e, assim, não pode mais ser objeto direto da música, menos ainda produzi-la" (*KSA* VII, 364).

[53] Por uma dialética não-histórica, daí a crítica de Nietzsche a Hegel; cf. *KSA* I, 310.

[54] *KSA* I, 134-135.

[55] David Allison argumenta que Nietzsche aos poucos retira da ideia de vontade seu estatuto de origem da música, que será, a partir do fragmento *Über Musik und Wort*, atribuído à linguagem; a esfera do musical, desde então, deverá ser sempre uma esfera performativa, representativa em relação ao "fundamento dionisíaco" — expressão que tem como função marcar a distância com Schopenhauer. (cf. ALLISON, D. B., "Some remarks on Nietzsche's draft of 1871, 'On Music and Words'" *in New Nietzsche Studies*, vol 1, vol. 1/ 2, pp. 20 e ss.) De todo modo, a representação operada pela música nesse instante ainda é de um tipo mais adequado ou mais apto a apresentar esse fundamento — e é importante notar que essa adequação ou aptidão tem um forte fundamento natural.

Schopenhauer e da estética de Wagner. O privilégio do som dionisíaco em relação aos gestos apolíneos, excessivamente simbólicos, substitui o modelo ateniense do discurso — o debate agonístico na ágora — por sua origem violenta, que corresponde a uma outra forma de sociabilidade mais profunda ou instintiva, tal como representada pela *khatarsis* nas festas báquicas. A linguagem, portanto, deve ser o elemento capaz de submeter os dois modelos de sociabilidade a uma dialética. Deve interferir como elemento de *sublimação*, no sentido em que Kant usou o termo *Erhebung* em sua *Analítica do sublime*, isto é, como elemento que nos eleva o espírito a partir de uma distância grande apenas o suficiente para que possamos contemplar nossa origem — e nossa *destinação, Bestimmung* — de uma perspectiva segura e, sobretudo, comunicável. Nessa dialética do conteúdo e da forma, a palavra mitológica, trágica, tem como função o resgate, de dentro mesmo da linguagem, de uma origem que a torna mais *real* que um simples conceito.[56] Seu índice é o *símbolo*, intermediário ambíguo entre o mundo e sua figuração, e sua referência é a *música*, entendida como manifestação concreta de uma cosmogonia e ontologia essenciais. Nietzsche não pretende, com esse dispositivo, afirmar que o simbólico seja da mesma natureza do real, conduzindo Apolo a um reino que não é o seu, mas, como afirma Lacoue-Labarthe, trata-se de uma *aproximação*: em relação às coisas mesmas, "o símbolo é *mais ou menos* adequado"[57]. No texto de *A visão dionisíaca de mundo*, escrito provavelmente em 1870, e que faz parte dos escritos preparatórios para *O nascimento da tragédia*, esse dispositivo e seu mecanismo de produção é explicitamente formulado:

> A mais íntima e frequente aglutinação de um tipo de simbólica dos gestos <*Geberdensymbolik*> e o som é denominada linguagem <*Sprache*>. Na palavra, através do som e sua inflexão, da força e do ritmo de sua sonoridade, a essência das coisas é simbolizada; através vda apresentação concomitante dos gestos da boca, a imagem, a aparência <*Erscheinung*> da essência.[58]

[56] "Uma vez que a tragédia musical se aproprie da palavra, então ela pode igualmente apresentar, de dentro, o subsolo e o lugar de nascimento, o vir a ser <werden> das palavras" (*KSA* I, 138).

[57] LACOUE-LABARTHE, Ph., *loc. cit.*, p. 68.

[58] *KSA* I, 575-576. Anna Hartmann explora detalhadamente os níveis de representação em jogo no processo de produção simbólica da linguagem e procura, através disso, distinguir linguagem conceitual e linguagem poética (cf. HARTMANN, A., *Símbolo e Alegoria: a gênese da concepção de linguagem em Nietzsche*, pp. 255-271).

Como *obra*, a música se formaliza e encontra seu limite nessa proximidade nem sempre nítida que o simbólico procura com o real, e o compositor-poeta deve estar sempre à espreita de um risco inerente à forma discursiva com que trabalha: "Assustador processo da atividade na música: todo o simbólico <*alles Symbolische*> pode se tornar falsificado <*nachgemacht*> e, assim, morto <*todtgemacht*>: desenvolvimento constante da 'frase'"[59].

Sob a forma do mito, o mecanismo falsificador da natureza das coisas que integra a linguagem de modo intrínseco é ligeiramente subvertido: no lugar dos conceitos da ciência e da filosofia, a *metáfora* permite um acesso mais imediato ao significado metafísico do mundo. A polissemia não-declarativa que ela instaura na linguagem, através da substituição do conceito pela imagem, é mais concreta, e é extremamente importante notar que nesse momento ela "não é uma figura retórica"[60]. De acordo com isso, o resgate da origem, função que alinha um mecanismo do discurso às propostas pedagógicas de Nietzsche, circunscrevendo ambos em seu horizonte ideológico romântico, não é tarefa exclusiva nem do filósofo, nem do filólogo, mas é tarefa também do músico enquanto poeta, capaz de tornar a experiência musical em algo sublime, mas, por isso mesmo, comunicável. Se Wagner inquietava tanto como poeta, é justamente porque sua função como messias da cultura do futuro dependia do equilíbrio delicado e muitas vezes heterogêneo de sua linguagem mitológica[61].

Nenhuma outra esfera pode servir tão exemplarmente à *Bildung* quanto a da poesia: sua força expressiva opera a purgação de uma relação com o discurso que pode transformar o estado de miséria das instituições de ensino e da *Kultur* em geral —

> A esfera da poesia <*Poesie*> não está fora do mundo, como a impossibilidade fantástica do cérebro do poeta: ela quer ser exatamente o contrário, a expressão nua da verdade <*die ungeschminkt Ausdruck des Wahrheit*> e deve, a partir disso, afastar de si todo o coquetismo fraudulento de toda suposta realidade dos homens da cultura.[62]

[59] *KSA* I, 48.
[60] *KSA* I, 60.
[61] Cf. especialmente *KSA* VIII, 279-281, fr. 11 <18> e 11 <19>.
[62] *KSA* I, 58.

A linguagem poética surge, assim, como contraponto da linguagem esvaziada dos discursos pseudo-culturais: no polo oposto a estes, “o que a caracteriza” “é a capacidade de preservar a riqueza da experiência interior, de um domínio inconsciente que Nietzsche define como complexo e inabarcável”[63]. A polarização entre o vazio e o pleno fornecida pelo eixo simbólico da linguagem sustentará boa parte das dicotomias apresentadas nas conferências de 1872.

Não é difícil perceber que, mesmo não podendo ser descrita como uma teoria sistemática da linguagem, a abordagem de temas como a relação entre forma discursiva e positividade ontológica é invariavelmente orientada no sentido de uma definição em termos dialéticos aptos a justificarem, ao mesmo tempo, a incontornável exterioridade dos valores humanos — tema que se radicalizará progressivamente no trabalho de Nietzsche — e a reconciliação simbólica como tarefa política e cultural. Seu platônico pessimismo ontológico — até esse ponto dificilmente podemos falar de uma *reversão* do platonismo — que, paradoxalmente, oferecia o trono da *polis* ao poeta, em nenhum aspecto entra em conflito com o otimismo wagneriano de *O nascimento da tragédia*, e isso graças a uma certa disposição dialética própria da linguagem, e, por consequência, da cultura. Nesse sentido, o livro é, ele mesmo, uma representação simbólica, na medida em que apresenta mitologicamente a solução para o velho enigma subjacente às palavras. Ele “dramatiza a variedade de maneiras por meio das quais a distinção entre essência e aparência pode ser reunida <*bridged*>; o que chamamos de padrão genético é precisamente a possibilidade dessa ponte, dessa tradução (...)”[64]. Afinal, nenhuma cultura é verdadeiramente possível enquanto a origem não encontrar sua expressão, enquanto ela permanecer eternamente muda ou irremediavelmente falsificada.

É surpreendente que, no mesmo ano em que *O nascimento da tragédia* veio a público, Nietzsche tenha promovido uma profunda reconsideração de suas teses sobre a natureza e a dialética da linguagem, a tal ponto que algo como uma ruptura se estabelece em um nível epistemológico. Em um curto espaço de tempo, o mito perde o estatuto de figura dialética do discurso por excelência, e a palavra, desabrigada, guarda consigo, a partir de então, apenas seu caráter negativo em relação ao mundo real. É tentador enxergar essa revisão como o indício mais temporão da crescente frustração de Nietzsche com a viabilidade de uma reforma cultural na Alemanha, e as

---

[63] HARTMANN, A., *op. cit.*, p. 270.
[64] DE MAN, P., *op. cit.*, p. 101.

fendas que ela parece abrir, ainda no subsolo do discurso propagandístico pró-wagneriano, acabariam por desembocar na completa decepção que Bayreuth representou em 1876. Seria contudo metodologicamente muito difícil, se não impossível, simplesmente traçar uma linha reta entre esses dois pontos, uma vez que proporcionalmente à profundidade das transformações na epistemologia operada entre 1872 e 1873, um esforço contrário a ela ainda parece resistir no sentido de fazer toda a produção literária convergir no horizonte ideológico animado pela ideia de uma nova *Bildung* alemã. O crescente descompasso entre as considerações acerca da natureza da linguagem, geralmente produzidas privadamente, e que parecem seguir na direção de um nihilismo e de um perspectivismo radicais, e a insistência com que Nietzsche procurou justificar sua reforma político-cultural, sempre publicamente, explicam, nos textos escritos até 1876, a grande série de suas contradições, hesitações e obscuridades. Tudo isso, associado à não-sistematicidade de quase todos esses textos, torna a tarefa de explicitar qualquer ruptura muito difícil, e alguns comentadores chegam mesmo a propor uma relativização, total ou parcial, das transformações operadas no interior da "teoria" da linguagem de Nietzsche[65]. Contudo, certos fragmentos do final de 1872 e a notas preparatórias para o curso de retórica ministrado em 1872-1873[66] apontam para uma transformação efetiva da perspectiva sobre a natureza do discurso. Uma das muitas obras planejadas e não concluídas desse período, o *Philosophenbuch*, sobreviveu sob a forma de fragmentos. Um deles, *Sobre verdade e mentira no sentido extra-moral*, de 1873, desenvolve e leva ao paroxismo as principais teses epistemológicas do curso, permitindo a avaliação mais explícita do sentido da ruptura com o livro sobre a tragédia.

Os livros consultados por Nietzsche para a elaboração de suas aulas parecem ter exercido alguma influência nessa mudança de perspectiva. A lista de volumes emprestados da biblioteca da universidade nos fornece algumas pistas sobre seu interesse teórico naquele semestre de inverno[67].

---

[65] Cf., por exemplo, HÖDL, H. G., *op. cit*, pp. 24 e ss.. e CRAWFORD, C., *op. cit.*, pp. 14 e ss.

[66] Inicialmente as edições Körner-Musarion consideraram que o curso havia sido ministrado em 1874 (ver o *Nachberit* do volume V da edição Musarion, pp. 477 e ss.). Algumas pesquisas filológicas mais recentes, contudo, chegaram à conclusão de que na verdade ele havia sido pronunciado entre o final de 1872 e início de 1873. Para uma história desse equívoco e os resultados das recentes pesquisas, cf. LACOUE-LABARTHE, Ph., e NANCY, J.-L., "Rhétorique et langage" *in Poétique*, vol. 5, pp. 99-103; CRAWFORD, C., *op. cit*, pp. 199-202 e BEHLER, E., *loc. cit.*, pp. 5-8.

[67] Cf. CRESCENZI, L., *"Verzeichnis der von Vietzsche aus der Universitätsbibliothek in Basel entliehenen Bücher (1869-1870)"* *in Nietzsche-Studien*, Bd. 23, pp. 419-420.

Lacoue-Labarthe insiste na importância do trabalho de Gustav Gerber, *Die Sprache als Kunst*, citado por Nietzsche, muitas vezes sem referência alguma, tanto em seu curso quanto no fragmento do *Philosophenbuch*, embora muitos comentadores limitem a importância dessa fonte[68]. O fundamental no texto de Gerber — uma retomada do nominalismo filosófico ao qual se agregavam uma ontologia vitalista ou materialista e uma emergente psicologia do insconsciente — se repetia em outras obras consideradas com maior ou menor atenção por Nietzsche. E as renovações na biblioteca indicando até que ponto ele aprofundou sua leitura de um ou outro volume. Os trabalhos de Eduard von Hartmann, *Philosophie des Unbewussten*, de Johann C. F. Zöllner, *Über die Natur der Cometen*, Richard Volkmann, *Hermagoras oder Elemente der Rhetorik* e Friedrich Blass, *Die attische Beredsamkeit* parecem ter tido, segundo esses critérios, uma certa relevância como bibliografia primária para o curso de retórica.

Uma análise detalhada da recepção desses estudos como um todo e de sua função na ruptura com a epistemologia da linguagem de *O nascimento da tragédia* ainda está por ser feita, e as dificuldades de método que ela levantaria exigem um estudo à parte. Essas dificuldades tornam-se ainda maiores se levarmos em conta algumas leituras realizadas nesse momento por Nietzsche, que, apesar de não serem exatamente especializadas, defendiam uma visão filosófica ao encontro da qual partiam certas premissas de *Sobre verdade e mentira* e outros textos posteriores. O exemplo mais importante nesse sentido é o de Hamann. Desde o começo de 1873, Nietzsche havia tomado de empréstimo a então recente edição de seus *Schriften und Briefe*. Máximas como "Todas as abstrações são e devem ser *arbitrárias* <*Alle Abstractionen willkührlich sind und seyn müssen*>"[69] ou "O sistema é já em si um obstáculo à verdade <*System ist schon an sich ein*

[68] Cf. LACOUE-LABARTHE, Ph., pp. 56-57. Christian Emden, por outro lado, sustenta que, "ainda que ele tenha encontrado em Gerber uma teoria amplamente formulada que conecta a estética retórica da linguagem às considerações filosóficas acerca da natureza dos referentes e do conhecimento, Gerber não parece ter sido a fonte principal de sua reflexão sobre a retórica" (EMDEN, Ch., *op. cit.*, p. 12). Claudia Crawford defende uma opinião semelhante e afirma que "os principais argumentos da teoria da linguagem de Gerber já haviam sido trabalhados por Nietzsche independentemente antes que ele lesse Gerber no outono de 1872" (CRAWFORD, C., *op. cit.*, p. 16). Uma tábua de concordância entre *Die Kunst als Sprache* e *Über Wahrheit und Lüge*, seguida de uma análise detalhada dessa influência foi organizada por Anthonie Maijers e Martin Stingelin no volume 17 da *Nietzsche-Studien*, pp. 350-390 (*"Gustav Gerber und Friedrich Nietzsche"*).

[69] Citado em O'FLAHERTY, J. C., *The Quarrel of reason within itself: essays on Hamann, Michaelis, Lessing, Nietzsche*, p. 34.

Hindernis der Wahrheit>"[70] certamente encontram ecos nos fragmentos dessa época. Mas à admiração de sua qualidade reflexiva correspondia uma condenação fatal contra o seu estilo — no final de janeiro é essa a curta e definitiva resenha de Nietzsche em carta a Rhode: "estou lendo Hamann, e estou sendo muito instruído: vê-se nos contornos nossa cultura alemã de poeta e pensador. Muito profundo e íntimo, mas inartisticamente indigno"[71]. É difícil determinar precisamente qual *uso* Nietzsche deu a cada um desses autores e suas obras. Aqui resta-nos apenas indicar a possibilidade de se reconstruir essas influências, assinalando, principalmente, a atenção que Nietzsche havia voltado para a então recente literatura sobre o tema[72].

A grande mudança que o curso sobre retórica já apresenta desde os primeiros parágrafos é o deslocamento do mecanismo original da produção de linguagem, que deixa de ser a relativa adequação formal de um conteúdo unívoco para se caracterizar, a partir de então, como o processo de *invenção* de uma forma artística, arbitrária na medida em que a natureza não aparece

---

[70] *Idem*, p. 86. É importante lembrar, contudo, que o questionamento da pertinência científica do *sistema* como forma havia sido recebido por Nietzsche menos através de Hamann que pela sua leitura difusa dos primeiros românticos, especialmente Novalis e Schlegel, que buscavam no fragmento e no aforismo a forma privilegiada de uma ideia ao mesmo tempo aberta e fechada em si mesma. No entanto, como Walter Benjamin procurou demonstrar, essa concepção não excluía a relação com o sistema, antes, a instaurava segundo uma outra economia. O equilíbrio que aí observamos, tanto quanto para Schlegel, havia sido importante para Nietzsche em seu período greco-wagneriano, pois, apesar do pensamento de ambos não poder ser definido segundo um esquema geral sistematizado, "foi determinado por tendências e continuidades sistemáticas, que, contudo, neles mesmos, alcançaram uma clareza e maturidade apenas parciais. Para expressar isto da maneira mais exata e incontestável, pode-se afirmar que o pensamento deles permite-se ligar a raciocínios sistemáticos, que ele de fato permite-se inscrever num autêntico e elaborado sistema de coordenadas, tanto fazendo se os primeiros românticos mesmos indicaram completamente este sistema ou não" (BENJAMIN, W., *O conceito de crítica de arte no romantismo alemão*, p. 49).

[71] *KSB* IV, 121; carta a Rhode de 31 de janeiro de 1873. Hamann é citado também no curso de retórica: a passagem de uma de suas cartas a Jacobi, "*Deutlichkeit ist die richtig Vertheilung von Licht und Schatten*" aparece na seção V (cf, KGW II-4, 437). Sobre a leitura que Nietzsche fez de Hamann, cf. EMDEN, Ch., "*Metaphor, perception and conciousness: Nietzsche on Rhetoric and neurophisiology*" *in* MOORE, G. e BROBJER, Th. (ed.), *Nietzsche and science*, p. 94 e a breve passagem em PFEFFER, R., *Nietzsche: Disciple of Dionysus*, p. 113.

[72] É interessante notar que os livros consultados no semestre de inverno de 1872-1873 eram publicações bastante recentes, especialmente se comparadas às obras emprestadas em outros períodos. O livro de Zöllner havia sido publicado naquele mesmo ano, o de Gerber um ano antes, o de Hartmann, em 1869; o de Blass, em 1868, e o mais antigo de todos, de Volkmann (embora Nietzche também tenha consultado outro estudo seu, *Die Rhetorik der Griechen und Römer in systematischer Übersicht*, de 1872), tinha sido publicado há sete anos.

sob nenhuma circunstância, em que a *origem* não pode mais ser resgatada de nenhum modo. A tese central da seção III, denominada "Relação do retórico com a linguagem <*Verhältniss des Rethorischen zur Sprache*>", estabelece entre o mundo real, como dimensão ontológica, e o discurso, como forma lógica, uma exterioridade tão completa que nela não é mais possível fazer intervir o recurso do mito. Totalmente estranhas uma a outra, as esferas da origem e da expressão não se comunicam mais. Todo conteúdo metafísico do mundo é condenado a se fechar sobre si mesmo, ao mesmo tempo em que toda palavra é o esvaziamento absoluto da realidade. A retórica <*Rhetorik*>, que aparecia em *O nascimento da tragédia* como oposta à metáfora do mito, é transferida para o centro mesmo do funcionamento da representação linguística, e é desse modo que o retórico, *rhetorisch*, passa a identificar a gênese do discurso e suas formas. Sem o referencial metafísico, "verdade" ou "mentira" não se aplicam mais como critérios de legitimidade.

Sem esses critérios, a *metáfora*, que antes guiava a forma da representação em uma relação mais ou menos adequada quanto à coisa em si mesma, ao universo dionisíaco, se vê transformada no átomo de um mecanismo que será para sempre, e desde sempre, absolutamente auto-referente — ela é apenas uma *figura de linguagem, Trope*[73]; talvez ela seja a maior entre todas, mas por isso mesmo, a mais afastada de um contato positivo com o mundo. Todo esse esvaziamento da positividade frágil com a qual a linguagem ainda podia contar através do mito nos textos anteriores não apenas passa a ocupar seu lugar nas reflexões após 1873, mas, mais precisamente, é o próprio núcleo delas. O retórico e seu dispositivo fundamental — a metáfora como figura de linguagem auto-referente — vem substituir a música no processo de formação das palavras[74]. Os instintos que produziam a linguagem em *Vom Ursprung der Sprache* eram a ponte possível entre a cultura e a natureza; os instintos que estão em jogo no discurso, a partir do curso de retórica, e, especialmente, do fragmento do *Philosophenbuch*, são aqueles que intrinsecamente aumentam o espaço entre uma e outra. Ao longo da seção III, Nietzsche desenvolve todo o fundamento epistemológico do qual depende o resto do curso:

> Não é difícil perceber que o que se chama 'retórico' como meio da arte consciente esteve ativo como meio da arte inconsciente na linguagem <*Sprache*> e

[73] Cf. *KGW* II-4, 426: "Mas todas as palavras, em si mesmas e desde o começo, são figuras de linguagem <*Tropen*>".

[74] Cf. LACOUE-LABARTHE, Ph., *loc. cit.*, pp. 70 e ss.

> seu desenvolvimento <*werden*>; assim, que a retórica é um aperfeiçoamento daquilo que, na linguagem, é propriamente meio artístico, segundo a clara luz do entendimento <*Verstandes*>. Não existe nenhuma 'naturalidade' da linguagem à qual se poderia apelar: a linguagem é ela mesma o resultado apenas das artes retóricas (...) ela não quer instruir <*belehren*>, mas, antes, transferir <*übertragen*> uma afecção <*Erregung*> subjetiva e uma aceitação para outros. Os homens que forjam a linguagem não percebem coisas ou eventos, mas estímulos <*Reize*>; eles não reproduzem sensações, mas cópias <*Abbildungen*> de sensações.[75]

O termo utilizado aqui por Nietzsche para descrever a natureza da palavra é o mesmo de que ele havia lançado mão no livro sobre a tragédia e em alguns fragmentos da mesma época deste: *cópia, Abbild*. Mas no começo de 1872 essa cópia tangencia ainda um certo conteúdo ontológico que determina uma disposição particularmente eficiente — e a única culturalmente verdadeira — no esquema de representações formais da linguagem. Naquela altura, uma das faces do discurso era entendida como mímica da *música*: "A palavra é, em relação à música, sua cópia externalizada <*veräusserlichten Abbild*>"[76]. Um ano depois, nenhuma função será reservada à esfera musical e à sua expressão simbólica. Quando a questão é retomada, no texto do *Philosophenbuch*, o que encontramos em seu lugar é da ordem do neurofisiológico: "O que é uma palavra? A cópia <*Abbildung*> de um estímulo nervoso em sons"[77]. A cisão é irredutível, nenhuma dialética poderá contorná-la — e talvez esse seja o primeiro movimento efetivamente anti-romântico do pensamento de Nietzsche. Nem a linguagem representa mais nenhuma verdade

---

[75] *KGW* II-4, 425-426.

[76] *KSA* I, 138. No fragmento *Über Musik und Wort* Nietzsche estabelece uma mesma relação entre linguagem e música, através de uma analogia com a mímica: "O que estabelecemos aqui sobre a relação entre linguagem e música vale também, segundo os mesmos fundamentos, para a relação entre *mímica e música*. Também a mímica, como a gesticulação simbólica intelectual dos homens <*die gesteigerte Gebärdensymbolik des Menschen*> é apenas uma comparação em relação ao significado próprio da música, que não expressa seu segredo mais íntimo, apenas sua manifestação rítmica, e isso também muito externamente" (KSA VII, 360). Assim, a sequência do texto afirma que uma certa qualidade da representação discursiva, a tonalidade utilizada pelo orador, é, como a mímica, uma representação simbólica da origem musical da linguagem, e contrapõe esse simbolismo primário a um outro, do discurso conceitual, este sim, mais arbitrário.

[77] *KSA* I, 878.

ontológica[78], nem a natureza, a origem, é mais musical. No centro do processo produtor de representações, a metáfora, ao substituir o símbolo, trai incessantemente a essência das coisas mesmas, e uma escala arbitrária e falsificadora se impõe entre o discurso e o mundo. Do estímulo ao som, passa-se antes pela a imagem, e cada uma dessa transferências metafóricas é um salto que encerra essas esferas sob si mesmas[79].

É sintomático que a expressão utilizada aqui por Nietzsche para caracterizar o mecanismo dessa transferência tenha sido *Übertragung*, cuja multiplicidade de sentidos impõe uma grande dificuldade à tradução. Seu significado geral é o de *transferência*, como utilizamos aqui, mas suas apropriações em diversos domínios indicam o amplo espectro de matizes que ele carrega consigo. Comumente, o termo é empregado como sinônimo de *Übersetzung*, *tradução*. Em retórica, ou, mais recentemente, no campo da análise do discurso, *Übertragung* é uma das figuras de linguagem em que um elemento discursivo é representado por outro de natureza distinta (um dos casos da *metonímia*). Seu uso mais consolidado é o que encontramos na psicanálise — mas representa um dispositivo que possivelmente já estaria em circulação, ainda que não formalizado, nas análises antropológicas e etnológicas do século XIX — e pode ser traduzido como *transferência*[80]. Em epidemiologia, significa o processo de disseminação de uma doença, seu *contágio*; e, enfim, em política, expressa o processo pelo qual um indivíduo ou grupo outorga poderes a outro — *delegação*. Cada um desses sentidos comporta e exige todos os outros, em maior ou menor medida — e o mesmo se aplica ao uso que Nietzsche faz do termo em sua epistemologia da linguagem[81].

É bastante significativo que, ao mesmo tempo em que se postula a inevitabilidade das abstrações operadas no interior da língua, colocando-as no núcleo mesmo desta, o caráter pejorativo desse processo seja insistentemente sublinhado. A aproximação que Nietzsche efetua, ao longo de *Sobre verdade*

---

[78] Cf. *KSA* I, 880: "O que é a verdade? Um exército móvel de metáforas, metonímias, antropomorfismos que foram reforçados, transferidos, embelezados poetica e retoricamente (...)".

[79] "Um estímulo nervoso em primeiro lugar é traduzido em uma imagem, primeira metáfora. A imagem, em seguida, é modelada como um som! Segunda metáfora. E cada vez há um completo salto de esferas, de uma para o centro de outra completamente nova" (*KSA* I, 879).

[80] Ele assume esse sentido pela primeira vez nos *Studien über Hysterie*, que Freud publicara em conjunto com Josef Breuer em 1895.

[81] Para uma breve avaliação do significado de *Übertragung* no contexto dos primeiros escritos de Nietzsche, cf. GRAY, R., T., "Translator's Afterword" *in* NIETZSCHE, F., *Unpublished writings from the period of Unfashionable Observations*, pp. 485-488.

e mentira, entre *Vorstellung*, representação, e *Verstellung*, dissimulação, marca exatamente esse aspecto: a arbitrariedade do procedimento metafórico no interior da linguagem só cede lugar a critérios de verdade se, por meio de um artifício ainda maior, pretendemos encontrar uma origem ontológica no discurso, se esquecemos ou dissimulamos esses saltos que afastam nossos livros, nossas filosofias, e mesmo nossas composições musicais — produtos últimos de uma cultura baseada na linguagem — cada vez mais da experiência íntima da natureza. O fato de que Dioniso esteja mudo não esconde, absolutamente, a condenação de todos aqueles que querem falar por ele. E o sentido extramoral da ruptura de Nietzsche nesse momento não se completa senão dentro de um círculo delimitado por critérios mais amplos de verdade, certamente não linguísticos — isso talvez eles nunca tenham sido — mas coerentemente éticos. A desconstrução da verdade depende de um trabalhoso esforço de transferência da verdade para outro domínio[82].

Talvez todo o perspectivismo que posteriormente se instalou em sua filosofia, talvez a própria concepção de genealogia desenvolvida mais tarde, tenham tido origem nessa escolha epistemológica acerca da linguagem, que ao mesmo tempo em que descrevia sua gênese metafórica e arbitrária, insistia na negatividade de seu valor para a vida e para uma forma de *Bildung* que, desde então, não poderia ser outra senão a da solidão. Mesmo um certo elogio da retórica como arte, feito no início do curso universitário, ou uma tímida tentativa de resguardar a aura do artista em *Sobre verdade e mentira* não conseguem esconder a avaliação negativa da origem e dos mecanismos das representações linguísticas[83]. Mais uma vez é tentador explicar essa escolha através dos primeiros sinais da frustração de Nietzsche com a ideia de cultura que até então ele desenvolvera em seus textos, e que a partir de então ele passaria a questionar. A retórica se aloja no centro de sua proposta pedagógica, desestruturando-a ao inviabilizar o aceso à *Bildung* e à *Kultur* pela linguagem. Após 1875 a retórica não faz parte de seu horizonte de preocupações teóricas[84]. Concomitantemente, as propostas para uma reforma da cultura alemã cedem lugar ao pessimismo que vê na destruição de todo intelectualismo a única vitória possível, solitária e difícil. Zaratustra, o auto-didata, é o signo desse duplo abandono, assim como a euforia de Turim e o silêncio que a seguiu

[82] Cf. DE MAN, P., *op. cit.*, pp. 103 e ss.

[83] Cf. GOTH, J., *Nietzsche und die Rhetorik*, pp. 27-35.

[84] Cf. LACOUE-LABARTHE, Ph., *loc. cit.*, p. 54: "A partir de 75, a retórica deixou de ser um instrumento privilegiado. Diríamos mesmo que Nietzsche lhe retira todos os seus direitos e que ela, praticamente, deixa de ser um problema".

talvez tenham sido, de fato, a única e irônica forma de consolidar essa vitória. Os textos de 1873 foram apenas os primeiros sinais do longo caminho até ela.

Portanto, entre a publicação de *O nascimento da tragédia*, em janeiro de 1872, e as aulas do curso de retórica, ministradas presumivelmente nos últimos meses daquele mesmo ano, as conferências sobre o futuro dos estabelecimentos de ensino encontram-se justamente no meio de uma transformação nem sempre explícita, mas com importantes consequências ideológicas. Dadas as duas posições epistemológicas de Nietzsche que cobrem seus primeiros anos de professorado, não é difícil percebermos que o conteúdo dessas conferências parece estar especialmente de acordo com aquela que articula a ideia de cultura com a possibilidade metafísica, ou mesmo ontológica de sua transformação, do resgate daquilo que foi esquecido pela civilização e seus artifícios — justamente a essência que a *Bildung* procura encontrar na língua alemã. Elas iriam, assim, ao encontro dos argumentos erguidos em *O nascimento da tragédia*, colocando-se, por consequência, em contraposição às teses de *Sobre verdade e mentira*; uma escolha que tornava justificável seu projeto mesmo.

A recente literatura crítica, contudo, parece mostrar que esse posicionamento não é tão nítido assim. Alguns intérpretes discordam fundamentalmente quanto ao tipo de atitude em relação à linguagem adotava Nietzsche nesses primeiros anos. Alguns, como Paul De Man e Phillippe Lacoue-Labarthe, identificam na distinção que procuramos explicitar até aqui o motivo pelo qual a ideologia greco-wagneriana de seus primeiros textos cede lugar à genealogia, sobretudo das formas discursivas tradicionais da filosofia e da ciência ocidentais. Outros, como Hans Gerald Hödl e Claudia Crawford, parecem relativizar consideravelmente essa ruptura e buscam encontrar bases textuais na obra de Nietzsche que indiquem alguma forma de continuidade epistemológica capaz de reunir toda a sua produção até bem mais tarde. Ainda que a análise das premissas programáticas das conferências pedagógicas torne muito difícil sustentar essa segunda posição, se nos detivermos nos problemas que estão em jogo nesse debate, podemos compreender mais profundamente os motivos pelos quais somente uma epistemologia dialética reconciliatória pode atribuir à linguagem as características requeridas pelas ideias de *Bildung* e *Kultur*. A tese aqui defendida, de uma mútua implicação entre a filosofia da cultura e as hipóteses teóricas acerca da linguagem, depende, portanto, do esclarecimento do sentido de muitos dos termos que aparecem nos escritos de Nietzsche. Muitas vezes utilizados de forma imprecisa, esses termos, a depender de como sejam interpretados, podem oferecer pistas decisivas sobre aquelas hipóteses. Esta é a maior contribuição que esse debate oferece aqui. Não se trata, por esse mesmo motivo, de condenar absolutamente os resultados fornecidos pelas análises de Crawford ou de Hödl. Toda e qualquer interpretação de Nietzsche depende daquilo que já se denominou anteriormente aqui, a partir de Derrida, *protocolo de leitura*, que assume o caráter decisório como *criação* diante das dimensões do texto que se mostram, irremediavelmente fechadas ao leitor[85]. O que se pretende, antes, é mostrar que, sob uma certa perspectiva, e dadas determinadas regras, sempre provisórias e relativas, algo diferente nos é revelado no lugar desse espaço hermético resistente às interpretações. Da perspectiva de uma leitura "arqueológica" da filosofia da cultura de Nietzsche nesse período e dos limites que impomos aqui, cabe mostrar que as conclusões de Crawford não se aplicam — e por quê.

Em linhas gerais, o que Hödl e Crawford pretendem ao questionarem a legitimidade da ideia de ruptura é fazer surgir uma filosofia da linguagem que remontaria aos estudos universitários da época de Leipzig e que forneceria as bases críticas com as quais Nietzsche passaria a atacar toda a tradição conceitual da cultura moderna. A unidade que sustentaria essa filosofia da linguagem, mesmo que matizada, nos possibilitaria ler os fragmentos de 1868 como uma certa antecipação das teses da *Genealogia da moral*, ou ao menos de sua *intenção* crítica, ou mesmo dos textos dos últimos anos de sua produção intelectual[86]. A tese de Crawford envolve uma distinção entre linguagem consciente e inconsciente e o que o texto do *Philosophenbuch* procuraria revelar é o caráter arbitrário da última — tanto mais arbitrário quanto maiores forem os graus de generalização de um discurso. Segundo essa tese, portanto, a possibilidade de uma aproximação mais adequada da linguagem resistiria ainda nesse ponto, na

[85] O trabalho de Crawford, exemplar nesse sentido, está consciente desses limites da interpretação e dedica uma longa passagem à discussão metodológica. Ver CRAWFORD, C., *op. cit.*, pp. 2-11.

[86] Cf. CRAWFORD, C., *op. cit.*, pp. IX-XVII. Crawford procura demarcar os limites do que seriam as diversas "fases" do pensamento linguístico de Nietzsche, o que não a impede de caracterizar o conjunto de textos que foram escritos até 1873, inclusive, como o "começo <*beginning*>" do que ela vê como sua teoria da linguagem. Na verdade, muitos elementos podem funcionar como ponte entre as diversas "fases" de Nietzsche, mas a função que eles assumem é definitivamente distinta entre uma e outra tendo em vista a ideologia que eles buscam confirmar. No caso da linguagem, por exemplo, é evidente que uma atitude crítica violenta em relação ao discurso representativo está tão presente em textos como *O nascimento da tragédia* quanto nas passagens mais incisivas que postulam a criação discursiva do mundo racional (por exemplo, no parágrafo 110 de *A gaia ciência*). O mesmo pode ser dito da prevalência da música como modelo axiológico. Em todo caso, a relação desses termos entre si, e com outros, modifica-se e revela um equilíbrio completamente novo caso eles sejam vislumbrados contra o que foi o teatro de Bayreuth para Nietzsche antes ou depois de sua frustrante inauguração, ou caso eles sejam confrontados com as críticas do corpo docente e das instituições de ensino antes ou depois de seu abandono definitivo, em 1879.

medida em que ela é reconduzida, através do abandono da estrutura conceitual, à sua origem, caracterizada no texto como neurofisiológica.[87] Haveria, segundo essa tese, uma relação mais verdadeira com a origem, uma dimensão da linguagem, capaz de expressar os instintos, que preservaria o essencial das teses de *O nascimento da tragédia*. Hödl caracteriza essa dimensão, a partir de Crawford, como não-semântica, ou como linguagem musical, *Musiksprache*, que seria oposta à linguagem literal, *Wortsprache* — essa, sim, criticada em *Sobre verdade e mentira*[88]. Essa característica estaria preservada, segundo esses autores, em um certo grau de aproximação da linguagem com as *intuições* que é revelado por esse último texto. A passagem que se refere a isso, citada apenas parcialmente por Crawford, encontra-se nos últimos parágrafos do fragmento de 1873:

> Essas espantosas molduras e escaninhos dos conceitos, aos quais o homem indigente <*bedürftige*> se prende a fim de salvar a vida, é, para o intelecto liberto <*freigewordenen Intellekt*>, apenas um esqueleto e um brinquedo para sua mais ousada habilidade <*Kunststück*>: e quando ele os esmaga, confunde, e, ironicamente, os reúne novamente, aproximando o que é estranho e separando o que é próximo, então ele revela que não precisa de nenhum recurso da indigência <*Bedürftigkeit*>, e que ele é agora guiado pelas intuições <*Intuitionen*>. Nenhum caminho regulamentado leva a essas intuições na terra dos esquemas fantasmagóricos, das abstrações <*Abstraktionen*>: a palavra não é feita para elas, o homem se cala quando as vê, ou discursa em sonoras metáforas proibidas e combinações conceituais inauditas, e, ao menos através do esmagamento e da ridicularização das velhas barreiras conceituais pode promover criativamente as impressões da forte e poderosa intuição.[89]

Crawford sublinha as "metáforas proibidas e as combinações conceituais inauditas", sugerindo que elas viabilizariam, ou seriam a forma de expressão mais adequada da origem fisiológica do estímulo nervoso. Isso equivaleria a dizer, em última análise, que esse seria o movimento análogo ao recurso do

---

[87] Cf. CRAWFORD, C., *op. cit.*, p. X: "Em primeiro lugar, há uma origem contínua física e inconsciente da linguagem através do instinto, e então, consciência, comunidade, o *pathos* da verdade e ciência crescem a partir dessas origens como processos secundários, enfraquecidos".

[88] Cf. HÖDL, H. G., *op. cit.*, p. 25, onde se fala de uma "linguagem não codificada semanticamente".

[89] *KSA* I, 888-889.

mito tal como é usado em *O nascimento da tragédia*. As intuições, expressas sob essa forma, conduziriam a linguagem à sua origem inconsciente, instintiva. Boa parte do esforço argumentativo de Crawford depende da demonstração da tese de que a origem instintiva da linguagem é preservada como elemento constituinte de todo discurso que poderia ser revelado "a partir do ponto de vista das ciências naturais",[90] e de que haveria a possibilidade de identificar *intuição* e *instinto* em um certo sentido. Embora comporte certas lacunas onde elas poderiam ser desenvolvidas — não sem boa margem de imprecisão — o texto de Nietzsche não parece confirmar solidamente essas hipóteses.

Em primeiro lugar, a ideia de uma linguagem inconsciente — tanto quanto de uma linguagem "não-semântica" — é muito pouco plausível nesses escritos, em especial em *Sobre verdade e mentira*. Na verdade, o uso que Nietzsche faz do termo *Unbewusste* e seus derivados funciona mais como princípio heurístico que como um conceito central claramente definido.[91] O mesmo pode ser dito a respeito do recurso da *intuição*, *Intuition*, termo usado de forma nada sistemática por Nietzsche ao longo de seu trabalho, e às vezes substituído indiferentemente por *Anschauung*, não significando, absolutamente, que ela seja inconsciente. Antes, uma longa tradição filosófica, e, especialmente relevante aqui, a tradição romântica, parece definir precisamente a função do conhecimento intuitivo em relação às formas conceituais do intelecto: ele indica uma forma mais direta e mais natural de consciência, e, por isso mesmo, mais verdadeira. Herder, por exemplo — que Nietzsche conhecia relativamente bem — sustenta que a linguagem tem uma origem natural, instintiva: "Já como animal, o homem possui linguagem <Sprache>"[92]. Mas a contribuição dessa

[90] CRAWFORD, C., *op. cit.*, p. 50.

[91] Cf. GÖDDE, G., "Nietzsches Perspektivierung des Unbewussten" *in Nietzsvhe-Studien*, Bd. 31 (2002), p. 155: "Se a temática do inconsciente no desenvolvimento do pensamento de Nietzsche ganha um significado progressivo, o termo 'Unbewussten' assume um papel secundário em sua obra". Gödde indica que uma fase "romântica-metafísica" (p. 154) de Nietzsche trataria o inconsciente muito mais como uma qualidade (seu uso nesse período é predominantemente como advérbio ou adjetivo, cf. p.157) à qual ele apela quando pretende criticar a ideia de que as ações humanas são determinadas por fins racionais. O pequeno ensaio *Fatum und Geschichte*, que Nietzsche havia lido em 1862 diante de seus colegas integrantes da *Germania* propõe que, ao lado de ações conscientes, históricas e racionais, a destinação do homem é também determinada pelo *fatum* inconsciente, pela dinâmica instintiva da vida (cf. *Mus.* I, 60-66 e GÖDDE, G., *loc. cit.*, pp. 158-160).

[92] HERDER, J. G., *Abhandlung über den Ursprung der Sprache*, in *Sammtliche Werke*, p. 5. Sobre a possível influência da teoria da linguagem de Herder nos primeiros textos de Nietzsche, especialmente no que se refere à relação entre natureza e linguagem cf. BORSCHE, T., "Natur-Sprache: Herder — Humboldt — Nietzsche" *in Centauren-Geburten — Wissenschaft, Kunst und Philosophie beim jungen Nietzsche*, pp. 112-130.

teoria, aquilo que repercutiu incessantemente nas epistemologias da linguagem do Romantismo, reside justamente no fato de que ela defende que o discurso é, desde sua origem, uma associação consciente, embora não completamente articulada.[93] A influência dessa concepção determina grande parte da ideia geral acerca da origem e função do *Sprache* na estética musical wagneriana, e os textos do período de *O nascimento da tragédia* confessam explicitamente sua dívida com ela, embora não concordem completamente com ela. *A obra de arte do futuro* propunha, já em 1849, a mesma compreensão naturalista da origem do discurso: "A *linguagem* <*Sprache*> é o elemento condensado <verdichtete> da voz, e a palavra é a medida estabilizada <*gefestigte*> do tom" [94], e, ao mesmo tempo, fazia intervir nesse processo o elemento consciente que distingue a essência do discurso humano, ao propor que o sentimento devia ele mesmo *compreender*, e sua forma de expressão mais adequada se manifestava no "entendimento inequívoco <*unfehlbaren Verständnisse*>"[95]. De Herder a Wagner, a concepção naturalista da linguagem nunca excluiu a dialética intrínseca que a origem deveria manter com a consciência.[96] Nesse ponto, precisamos nos deter um pouco mais naquilo que Nietzsche entende como o significado filosófico-artístico desse instante originário, e, portanto, na compreensão, nunca definitiva ou sistemática da *intuição* como momento nessa dialética.

A influência de Hartmann, que Crawford parece ver como responsável pela aproximação entre intuição e inconsciente[97], não deve ser superestimada.

---

[93] Cf. RILEY, H. M. K., "*Some German Theories on the Origin of Language from Herder to Wagner*" in *The Modern Language Review*, Vol. 74, No. 3, p. 618: "Esta linguagem, de acordo com Herder, é 'innere Sprache', não articulado, e consiste na habilidade do homem de distinguir entre diferentes sons de acordo com suas características. A habilidade de perceber distinções características e de associar sons distintos com certos objetos envolve um processo de pensamento consciente". Riley chama a atenção ainda (p. 620) para a consonância que Herder conferia ao que estimava duas dimensões da linguagem, uma artística e outra comunicativa (ou científica), e como a linguagem em sua origem revela sua qualidade poética, cedendo lugar apenas tardiamente ao conceitualismo científico — todas essas teses têm grandes afinidades com a própria definição da dupla natureza do discurso e sua dialética histórica desenvolvida em *Über Musik und Wort*.

[94] WAGNER, R., *Das Kunstwerk der Zukunft in Sämtliche Schriften und Dichtungen*, Bd. 3, p. 64.

[95] Idem.

[96] Cf. RILEY, *loc. cit.*, pp. 629 e ss.

[97] Cf. CRAWFORD, C., *op. cit.*, pp. 42-50. Na verdade, as passagens que Crawford utiliza para justificar essa aproximação parecem corroborar a tese de Lacoue-Labarthe, na medida em que remetem ao período anterior a *Sobre verdade e mentira*. A maneira como o símbolo aparce em seus escritos, de fato, indica alguma forma de tangibilidade com o que seria da ordem do instintivo originário (cf. CRAWFORD, pp. 139-145). De todo modo, apesar de sua interpretação, em nenhum momento Nietzsche parece indicar que a dimensão instintiva da linguagem, sua origem, possa funcionar como *expressão* sem o auxílio da representação consciente.

Isso porque o estudo genético da linguagem pode ser abordado pelas ciências naturais, mas sua mecânica só pode ser adequadamente compreendida pela crítica moral — ainda que Nietzsche pretenda fazer esses dois domínios coincidirem a partir de um certo momento em seu pensamento filosófico, mas por uma outra economia. A genealogia da consciência ocidental que se promoverá nos escritos da década de 1880 também não parece requerer uma volta ao inconsciente instinivo, muito pelo contrário, ela reverte e supera a psicologia naturalista, ao procurar transformar os instintos mesmos em forma de consciência: pensar com os punhos, com o martelo, significa exatamente isso, e mesmo a crítica ao *conhecimento* não o substitui por nada como um *inconsciente coletivo*.

Muitas vezes se ignorou a sutil diferença entre esse equilíbrio próprio da reflexão filosófico-estética do romantismo — em que a natureza é elevada à condição de uma forma de consciência — e aquele instaurado no interior das ciências biológicas emergentes nessa mesma época — as quais pretendiam reconduzir todos os processos intelectuais à sua origem fisiológica. O interesse de toda uma geração, que se estende de Goethe a Nietzsche, pelas transformações profundas sofridas nas ciências naturais contemporâneas, indica que esse limite não estava suficientemente claro em sua origem mesma. Mas a distância que ele estabelece é fundamental, e é através dela que se deve interpretar a bibliografia em torno da psicologia, da mecânica e da astronomia, das quais textos como os escritos de 1872-1873 são, certamente, devedores. Assim como Nietzsche não pretendia subsumir sua filosofia sob o wagnerianismo, mas, antes, transformar a reflexão estética de Wagner no interior de sua filosofia da cultura, o mesmo ocorre com essas leituras, e, especialmente, com Hartmann. Nietzsche não nega que uma certa dimensão das ações humanas — talvez a mais fundamental — seja ela mesma inconsciente. Se esse fosse o caso, Nietzsche seria levado a concluir, em última análise, que o mundo é consciência, e que, portanto, o mundo objetivo, ou, em seu léxico, *instintivo*, não existe de fato. Definitivamente, não parece ser essa a sua base epistemológica[98], e aqui a importância de

[98] Cf. EMDEN, Ch., *op. cit.*, p. 56. Günter Abel tentou compatibilizar a tese de que para Nietzsche tudo é, em certa medida, consciência, com a necessidade da existência objetiva do mundo ao interpretar a concepção de linguagem de Nietzsche como sendo de cunho "Realista" acera do fenômeno intelectual (Cf. ABEL, G., "Bewusstsein - Sprache — Natur Nietzsches Philosophie des Geistes" *in Nietzsche-Studien*, Bd. 30, p. 3). A ideia de uma continuidade da natureza na linguagem, aqui representando o inverso da tese de Crawford, na medida em que Abel pretende que a natureza seja ela mesma, independentemente da linguagem, consciência, não parece resistir quando confrontada com a irremediável distância ("salto") entre origem neurosfisiológica e representação de *Sobre verdade e mentira*, por exemplo.

Kant é maior do que habitualmente se supôs. Seus textos desse período insistem frequentemente no estatuto da *experiência comunicável do mundo*: nesse registro, a intuição é sempre a *apresentação, Vorstellung,* dessas ações à consciência. É verdade que um fragmento de 1871 lança mão da expressão "representações inconscientes", mas seu contexto indica claramente que se trata aí de identificar sua *origem*, e não seu *funcionamento intrínseco,* que difere dela, algo que nesse período ainda é completamente plausível[99]. Assim, o inconsciente, o instintivo, quando vivido na linguagem — e *transformado pela* linguagem — não é o estado ao qual o homem deve asceder após ultrapassar e eliminar o conhecimento ou a representação; é, antes, ele mesmo, uma outra forma de consciência. Da perspectiva da linguagem intuitiva, tal como ela é, de fato, formulada em 1873, ele é o limite que ela só pode revelar negativamente, um domínio diretamente impenetrável — e, sob esse aspecto, Nietzsche está mais próximo de Freud que Lacan, o inconsciente não estando organizado *como* linguagem, mas funcionando como seu limite negativo, revelado apenas através do *sintoma*. Isso não significa que esse domínio intuitivo funcione como um *reino dos fins* kantiano. Contra Hartmann, não se trata de uma teleologia dos instintos que funcione como motor da história: antes, os intintos e o inconsciente colocam em questão toda forma de teleologia, inclusive a da finalidade comunicativa do discurso[100]. Nos anos em que compunha os inúmeros projetos das *Considerações Extemporâneas*, em especial durante a elaboração da segunda delas, Nietzsche associa a ideia de inconsciente ao uso que dela pode fazer uma tendência naturalista positivista, incluindo aí o trabalho de Hartmann, e critica inequivocamente essa apropriação: o texto sobre a utilidade e as desvantagens da história coloca lado a lado Hegel e Hartmann[101]. Em outros lugares, o motivo dessa associação é formulado de forma bastante explícita:

---

[99] *KSA* VII, 360: "Na diversidade das linguagens <*Sprache*> logo se revela que palavra e coisa <*Wort und Ding*> não se recobrem nem completa nem necessariamente, antes, que a palavra é um símbolo <*Symbol*>. Mas o que simboliza a palavra? Certamente apenas representações <*Vorstellungen*>, sejam apenas conscientes, ou, na maior parte das vezes, inconscientes <*unbewusste*>: pois como a palavra-símbolo pode corresponder <entsprechen> a essa essência mais íntima <*innersten Wesen*> das quais nós mesmos, junto com o mundo, somos as cópias <*Abbilden*>? Somente através das representações conhecemos esse germe <*Kern*>, somente em sua exteriorização imagética <bildlichen *Äußerungen*> é que temos com ele alguma familiaridade <*Vertrautheit*>: não há, assim, nenhuma passagem direta que nos levaria a ele. Toda a vida pulsional <*Triebeleben*> (...) nos é conhecida somente como representação, e não segundo seu ser".

[100] Cf. GÖODE, G., *loc. cit.*, pp. 165-168.

[101] Cf. *KSA* I, 308-310, 313, 324.

> O homem vem a descobrir lentamente como infinitamente complicado é o mundo. (...) Ele se toma como o resultado mais recente da natureza, pensa em si mesmo como as forças <*Kräfte*>, as forças primordiais <*Urkräfte*>, como aquelas que vêm à sua consciência. (...) Assim, ele acredita que a palavra 'instinto' <*'Instinkt'*> esclarece alguma coisa e ele até transfere <*übertragt*> as ações finalistas <Zweckhandlungen> para o devir primordial das coisas.[102]

Na verdade, a incontornável consciência da linguagem já estava presente nos textos de *Vom Ursprung der Sprache*: os intintos, como origem da linguagem, eram eles mesmos o dispositivo inconsciente a resistir no interior do discurso mitológico, musical, poético; mas não eram, definitivamente, a linguagem mesma — e, como já foi dito antes, a dialética entre a consciência necessária da linguagem e a instintividade de sua origem era colocada como "o próprio problema da filosofia"[103]. Um fragmento de 1871, por exemplo, se detém sobre esse aspecto e admite um ponto de tangência entre natureza e fenômeno: "No homem, o uno-primordial <*Ureine*> olha para si ao se voltar sobre si mesmo através do fenômeno <*Erscheinung*>: o fenômeno se revela como essência <*Wesen*>"; mas a sequência do texto logo trata de estabelecer os limtes dessa dialética entre origem e representação: "Para o homem, não existe *nenhum caminho até o uno-primordial*. Ele é totalmente fenômeno".[104] Ernst Behler, sob esse aspecto, parece estar correto ao afirmar que o que Nietzsche havia descrito como *socratismo* em *O nascimento da tragédia*, a tendência intelectualizante da linguagem, já estava formulado mesmo em outros textos anteriores, mas isso não significaria, ao contrário do que ele procura defender, que essa característica seria suficiente para unir a epistemologia desses textos mais

[102] *KSA* VII, 457-458. O fragmento 19 <160>, do mesmo período, desenvolve uma ideia semelhante (*KSA* VII, 469): "Considero falar de um fim inconsciente <*unbewussten Ziele*> da humanidade como falso. Não há nenhuma totalidade como um formigueiro. Talvez se possa falar do fim inconsciente de uma cidade ou de um povo: mas o que quer dizer falar do fim inconsciente de *todos os formigueiros* da terra!". A recusa de uma teleologia da espécie humana orientada pela ideia de inconsciente ou de instinto não impede Nietzsche de propor uma teleologia pragmática, estratégica e local, em que esses elementos não seriam universalizados, apenas revelariam sua restrita generalidade. É nesse sentido que a segunda *Extemporânea* pode solicitar o resgate de uma dimensão do inconsciente propriamente alemã, tendo em vista a ideia de uma reforma da cultura: os "instintos" são a própria "integridade <*Ehrlichkeit*>" da cultura nacional (*KSA* I, 275).

[103] *Mus.* V, 478.

[104] *KSA* VII, 205.

antigos àquela do curso sobre retórica[105]. O antagonismo entre linguagem e origem, ou entre fenômeno e natureza, persiste no livro sobre a tragédia, no curso de retórica e no fragmento do *Philosophenbuch*, mas a hipótese de uma linguagem inconsciente não parece se apoiar, portanto, em nenhum dos textos de Nietzsche desse período. Antes, a própria ideia de um discurso intuitivo aparece sempre acompanhada desse antagonismo, e o que é intuído como objeto empírico é definitivamente separado, por sua natureza mesma, do que é produzido como intuição.[106] É verdade que muitas passagens de *O nascimento da tragédia* são suficientemente elípticas, a ponto de permitirem ao leitor interpretar a aproximação, a relativa adequação entre representação consciente e origem instintiva como uma possível *identificação* entre intuição e inconsciente. A constituição de uma esfera dos impulsos, *Triebe*, à qual Nietzsche constantemente recorre nesse primeiro instante parece colaborar nessa interpretação. Nada disso, no entanto, é explícito no texto. Os trabalhos que o sucedem tendem a ser mais claros quanto a esse aspecto.

No contexto das conferências, um certo elogio do inconsciente se desenvolve em torno da rejeição de Nietzsche às medidas pedagógicas adotadas pelo Estado no sentido de ampliar, quantitativamente, o acesso ao conhecimento — e, portanto, ao uso consciente da língua e da natureza em geral. Mas isso apenas na medida em que ele serve como condição social para a emergência de um tipo superior de consciência: para que existam gênios, é necessário que muitos permaneçam em um estado de cegueira. É absolutamente coerente que, ao recusar enfaticamente o estabelecimento de um ensino elementar obrigatório universal, Nietzsche esteja desenvolvendo uma posição que se apoia numa divisão natural entre o inconsciente como origem cega e o consciente como apropriação adequada dessa origem, e na manutenção dessa ordem natural na esfera da *Kultur*. Na medida em que apenas alguns poucos, segundo essa perspectiva, estão aptos a participar da sociedade de acordo com o segundo modelo, a saúde de uma cultura depende da manutenção dessa destinação que garante ao domínio do inconsciente uma função primordial na formação de um povo, mas que é essencialmente alheia ao que nela é formalizado, linguístico, *formado* — ou seja, consciente. É uma posição aristocrática, mas *natural*, portanto, opôr-se ao ensino elementar obrigatório:

---

[105] Cf. BEHLER, E., *loc. cit.*, p. 10: "o socratismo é um elemento intrínseco do desenvolvimento da literatura e da poesia mesmas, não estrangeiro e implatado desde o exterior". Allison também procurou mostrar que a inevitabilidade da *representação* simbólica foi formulada muito cedo em Nietzsche. Cf. ALLISON, D. B., "Some remarks on Nietzsche's draft of 1871, 'On Music and Words'" *in New Nietzsche Studies*, vol 1, vol. 1/2, pp. 19-21.

[106] Cf. BÖNING, Th., Metaphysik, Kunst und Sprache beim frühe Nietzsche, pp. 39 e ss.

> nessas coisas graves, favorecer verdadeiramente a formação cultural do povo <*Volksbildung*> significa pura e simplesmente rejeitar todas essas imposições destruidoras e manter essa inconsciência saudável <*heilsame Unbewusstsein*> esse auto-adormecimento saudável <*Sich-gesund-schlafen*> do povo, sem cuja reação, sem cujo remédio, nenhuma cultura <*Kultur*>, pela excitação e agitação consumidoras de suas forças <*Wirkungen*>, pode existir.[107]

Em *Schopenhauer como educador*, de 1874, Nietzsche, não sem um visível esforço argumentativo, pretende justificar ainda a ideia geral de uma pedagogia redentora, mas agora ela deve estar associada a uma outra forma de consciência: à consciência perene da intagibilidade de sua origem metafísica — essa terceira *Extemporânea*, afinal, é posterior à ruptura epistemológica de 1873. No centro desse esforço é estabelecida a completa oposição entre a natureza instintiva e a consciência intuitiva do gênio, representada a esta altura pelo conhecimento exemplar do santo, do artista e do filósofo[108]. Entre o animal, que vive a vida de forma "cega e louca"[109] e os "homens verdadeiros, não-mais-animais <Nicht-mehr-Thiere>"[110], o que os separa é justamente o conhecimento, a consciência crítica, a possibilidade de perceber — ou *intuir* — que as ações e instituições da cultura ilegítima são o prolongamento artificial do estado de natureza. Essas buscam se justificar através de uma relação com a origem que o gênio tem como tarefa denunciar como arbitrária. Aqui, ao enfatizar o valor da consciência para a cultura, Nietzsche inverte surpreendentemente o equilíbrio entre o instintivo e o representativo: se em *O nascimento da tragédia* a representação era tão mais verdadeira quanto mais se adaptasse ao conteúdo metafísico, inconsiente, da origem dionisíaca, aqui é a própria natureza que se realiza sob a forma de consciência, e, mais especificamente, sob a forma do conhecimento da arbitrariedade de todas as instituições humanas. Avesso do estabelecimento arbitrário de uma fundamentação ontológica ou metafísica para o mundo, a intuição é aquilo que Rainer Kokemohr chamou de "a potência criativa da negação".[111] Diante das guerras e monumentos que a sociedade ergue para legitimar o Estado, a natureza, por meio do artista, toma consciência:

---

[107] *KSA* I, 698.

[108] Cf. *KSA* I, 380.

[109] *Idem*, 378.

[110] *Idem*, 380.

[111] KOKEMOHR, R., Zukunft als Bildungsproblem — Die Bildungsreflexion das jungen Nietzsche, p. 96.

> tudo isso é o prolongamento da animalidade <*Thierheit*>: como se o homem devesse ser intencionalmente reeducado e frustrado por sua constituição metafísica, como se a natureza, após ter tanto tempo desejado e trabalhado pelo homem, hesitasse diante dele e quisesse voluntariamente voltar à inconsciência dos impulsos <*Unbewusstheit des Triebes*>. Ah, ela precisa do conhecimento, e se amedronta diante do conhecimento que ela propriamente precisa (...). Todos sabemos, em certos momentos, que as instituições <*Anstalten*> mais valorosas de nossas vidas são feitas apenas para nos desviar de nossas autênticas tarefas, que nós queremos esconder, de bom grado, nossas cabeças em algum lugar, como se, assim, nossa consciência <*Gewissen*> com mil olhos não pudesse nos descobrir, que nós precipitadamente entregamos nosso coração ao Estado, ao lucro, à sociabilidade ou à ciência, apenas para não mais possuí-lo, que nós nos dedicamos aos piores trabalhos cotidianos, mais calorosamente e sem sentido, como se fossem necessários para viver: porque nos parece necessário não atingir a consciência <*Besinnung*>.[112]

Um estudo à parte deveria se dedicar a analisar a importância dessa passagem, pela complexidade das dimensões que ela visa associar — muitas vezes aparentemente contraditórias — e pelos conceitos de que lança mão — mais uma vez, imprecisamente. *Schopenhauer como educador* pode ser visto como um texto híbrido, em que o dispositivo cético de uma linguagem sem origem já está em funcionamento, mas, ao mesmo tempo, ele parece ser determinado e limitado pelo uso pedagógico que Nietzsche pretende ainda fazer dele. Mas o que ao menos se pode apontar aqui é a insistência com que a tarefa da consciência em relação aos instintos é sublinhada; o conhecimento não-científico, intuitivo, do gênio, como forma ideal dessa consciência, é o próprio "fim <*Ziele*>"[113] da natureza, ainda que seja um fim negativo, pois é sua libertação das falsas suposições do homem social[114].

Ao contrário da permanência dessa polaridade entre consciência e instinto, o que muda, e de forma aparentemente definitiva, é a possibilidade

---

[112] *KSA* I, 378-379.

[113] *KSA* I, 380.

[114] Essa finalidade, paradoxalmente, encontra-se realizada no momento "em que ela concebe <begreift> que deve desaprender a ter fins" (*KSA* I, 380).

de sua síntese no interior mesmo da linguagem, a relação entre consciente representativo e natureza inconsciente. A distinção que a ruptura de 1873 instaura no seio da epistemologia de Nietzsche não diz respeito à natureza da linguagem, que praticamente permanece inalterada, como *Abbild*; o que muda é a disposição genética dada no discurso, a possibilidade da persistência dos instintos expressa sob alguma forma O modo como Crawford interpreta a passagem citada anteriormente sugere que essa síntese é operada através da intuição, que resgataria a origem no interior do discurso, na medida em que, como alternativa ao silêncio, poderia ser expressa como metáfora. O texto de Nietzsche, apesar de um pouco ambíguo, não parece oferecer, na verdade, nenhuma alternativa *viável*: o caráter "proibido" e "inaudito" das metáforas do homem intuitivo apenas reforça o limite da linguagem, e não é, ele mesmo, o responsável pela apresentação das intuições, senão *negativamente*, ao promover a destruição dos escaninhos e molduras da estrutura conceitual do intelecto, como gesto ou ação, e não como língua. A força da intuição não é o resultado de um discurso mais próximo da origem, como acontecia com sua forma mitológica em *O nascimento da tragédia*. Ela surge pela compreensão negativa de que todo conceito é arbitrário, toda representação é contingente; ela *representa* a liberdade do intelecto. E, na medida em que a intuição também é representação, podemos defini-la, sem maiores riscos, exatamente como a *consciência* dessa arbitrariedade, e não como a revelação de uma epifania cosmogônica; não a intuição do mundo, mas a apresentação consciente do *estado* do mundo. Ela substitui a ontologia e a metafísica do começo de 1872 por uma dinâmica que terá uma longa reverberação nos anos seguintes, totalmente estranha ao conteúdo metafísico das conferências pedagógicas.

Por fim, a interpretação de Crawford propõe que uma das formas de continuidade que se percebe entre o fragmento de 1873 e os textos anteriores a ele estaria indicada na escala de valoração da linguagem que ele constitui e do papel do artista que ele ainda busca justificar. De fato, Nietzsche desenvolve logo no início do texto uma grade crescente de abstrações do estímulo nervoso que está na origem das representações, e que começariam com sua transformação em sons e terminariam com seu acabamento mais generalizado, os conceitos[115]. No entanto, o primeiro grau de abstração já é uma *transferência* da natureza desse estímulo para uma outra natureza, sonora, uma metáfora que torna impossível qualquer tangência entre essas

[115] Cf. *KSA* I, 879.

esferas. O critério da origem, portanto, não pode ser mais utilizado, como no caso do mito, e os valores organizados em torno da escala de abstrações depende de outro referencial. Se levarmos em conta o que foi dito antes a respeito da relação entre intuição e conceito — a primeira revelando a auto-referência do segundo — pode-se concluir que uma linguagem menos abstrata, mais intuitiva, é aquela que está livre das falsas origens construídas no discurso para justificar sua veracidade, e não a que está mais próxima de sua verdadeira origem metafísica, como sustentado em 1872. O critério utilizado aqui é o grau de dissimulação, *Verstellung*, a que está submetida uma representação.

Nada disso impede a elaboração da justificativa do artista no horizonte ideológico do planejado *Philosophenbuch*, a ideia de uma reforma cultural possível ainda a requeria nessa altura, embora sua dedução seja fundamentalmente diferente aqui. A metafísica do gênio de *O nascimento da tragédia* definia o artista como aquele capaz de produzir uma linguagem ao mesmo tempo universal e intuitiva — a ele cabia fazer falar o mundo dionisíaco, primordial. A medida de seu sucesso estava diretamente relacionada com a força representativa de seu discurso mitológico. O que o curso de retórica faz intervir nessa concepção, transformando-a, é a ideia de linguagem desvinculada da origem metafísica. Nesse âmbito não é possível avaliar a veracidade ou a pureza de uma representação senão pelo *uso* que se faz dela: "[Fala-se] de pureza do discurso <Rede> somente em relação a um sentido linguístico muito desenvolvido de um povo que, sobretudo em uma grande sociedade, é estabelecido pela elite e pelos homens cultos <Gebildeten>".[116] Nenhuma origem a expressar, nenhuma pureza a garantir: o artista, a partir de então, é aquele que *inventa* a linguagem. Sua intuição, seu intelecto liberto das falsas origens, pode agora construir novos universos discursivos, que, tanto quanto os outros, será invariavelmente arbitrário e explorará a força dessa arbitrariedade. Seu discurso deve sempre trazer consigo a evidência de que ele é, antes de tudo, uma *performance*: o artista livre insiste em um distanciamento da verdade que, muito mais tarde, funcionará como dispositivo didático no teatro épico de Brecht — no espaço aberto por essa distância é que ele deve criar seu universo. O elogio do estilo subsequente à ruptura de 1873 já não se constituirá mais como símbolo do gênio e de sua natureza simples e nobre, mas, ao contrário,

[116] *KGW* II-4, 428.

ganha seu significado como um elogio da "auto-incorporação consciente"[117] do *performativo* na linguagem, como uma arte que revela seus bastidores, ou ainda, que se revela ao revelá-los.

Ao mesmo tempo, a pressuposição elementar de *Vom Ursprung der Sprache*, que afirmava que a linguagem não podia ser o trabalho de um indivíduo, nem o de uma maioria, encontra aqui seu completo avesso: o artista como criador e a sociedade como consolidadora são os únicos responsáveis pelo processo de construção de uma língua:

> A linguagem é criada por um único artista da linguagem <*Sprachkünstlern*>, mas é estabelecida <*festgestellt*> pelo fato de que o gosto de muitos é o que decide. (...) Uma figura que não encontra ninguém que a aceite se torna um erro. Um erro que é adotado segundo um usus se torna uma figura.[118]

A escala de valores éticos, e não mais ontológicos, que avalia os graus de abstração da linguagem reserva ao artista um lugar especial, não o de detentor de uma sabedoria original, simbólica, mas o de grande *traidor* da sociedade, aquele que revela a relatividade de suas pressuposições e de seus dogmas. Essa mudança no papel social do artista, de reformador a contestador, é bastante evidente no fragmento *Sobre verdade e mentira*. Crawford tem razão ao assinalar o modo como ele faz funcionar "as possibilidades artísticas, socialmente subversivas e transformadoras da linguagem"[119], mas não atenta para a profunda diferença dessa posição em relação àquela defendida antes, no livro sobre a tragédia. O que a força das intuições impõe a partir de agora é um confronto desagregador, as metáforas proibidas do artista, assim como seus complexos conceituais inauditos, ao mesmo tempo revelam a fantasmagoria das formas da cultura e constroem outras, igualmente fantásticas, mas subversivas. É verdade que Nietzsche pensa como possível, ainda em *Schopenhauer como educador*, o avanço do estado de cultura que o artista schopenhaueriano deve promover, mas aqui ele precisa se apoiar justamente em suas intuições, tal como definidas nesse contexto. Sua potência deriva da descoberta negativa, cética, que elas promovem: "Na intuição, Nietzsche vê a força <Kraft> de transformação

---

117 SIMONIS, Linda, "Der Stil als Verführer: Nietzsche und die Sprache der Performativen" *in Nietzsche-Studien*, Bd. 31, p. 58.

118 *KGW* II-4, 427-428.

119 CRAWFORD, C., *op. cit.*, p. XI.

histórica que vai de encontro à sociedade convencional"[120] e, ao tomar em suas mãos a tarefa do preogresso, é menos uma *Kultur* que ele fundamenta, como conjunto ideias desenvolvidas no interior de uma sociedade, e mais uma *Bildung* que ele representa em si mesmo, como *ethos* individual, ainda que modelar — "a *Bildung* é o processo de adoção dessa iniciativa"[121]. A partir mesmo desses critérios o messianismo de Nietzsche cede lugar, aos poucos, a uma desconfiaça generalizada em relação às grandes personalidades artísticas e suas pretensões: sua desmitificação como gênios da cultura também aparece no texto através da crítica ainda tímida, mas bastante significativa, que se faz do "homem intuitivo" no parágrafo que se segue ao citado por Crawford:

> "Entre o homem racional e o homem intuitivo um mesmo processo de dissimulação <*Verstellung*> através da linguagem parece resistir, o último sendo tão insensato quanto o primeiro é inartístico. O homem intuitivo, representado pelo grego, é aquele que, através da metáfora, busca sua felicidade, mas ao preço de fabricá-la; essa dissimulação, essas negações da indigência, esse brilho das intuições metafóricas, e, sobretudo, a imediatez da desilusão, acompanham esse tipo de vida"[122].

Assombrado pelo risco de esquecer aquilo que é sua função revelar, o artista já não pode senão deixar claro que é um fingidor. Dono de uma linguagem sem origem, sua infelicidade é o fim da cultura que ele está condenado a diagnosticar. Mais tarde, um fragmento de 1875 terá formulado explicitamente essa posição "O poeta como fingidor: ele imita ser um conhecedor (...); ele o sustenta diante dos que não são conhecedores até que, enfim, ele mesmo acredita nisso"[123]. Nada é mais alheio ao escopo das conferências pedagógicas do que essa perspectiva. O que o debate acerca da ruptura epistemológica de Nietzsche parece demonstrar — a equivocidade de certas definições teóricas de seus textos, ao ser confrontada com as origens e desenvolvimentos ideológicos do conceito de *Bildung* que procuramos reconstruir nos capítulos anteriores — revela a necessidade de se compreender tais lacunas teóricas de acordo com dimensões que as ultrapassam. Isso porque — e podemos afirmá-lo globalmente — o problema

---

[120] KOKEMOHR, R., *op. cit.*, p. 96.
[121] Idem.
[122] *KSA* I, 889.
[123] *Mus.*V, 473.

da linguagem em Nietzsche é, antes de mais nada, um problema derivado de sua filosofia da cultura.

II. Limites éticos: práticas e políticas da linguagem

Se é correto afirmar, como pretendemos aqui — e como Marc Crépon o fez[124] — que a pedagogia específica de *Sobre o futuro de nossos estabelecimentos de ensino* depende de uma relação entre natureza e linguagem próprias do período anterior à ruptura de 1872-1873, tal como a demarcamos, isso se deixa observar, sobretudo, no nível programático das conferências. A ideia de *Bildung* que elas fazem surgir nas propostas práticas para o uso da linguagem no *Gymnasium* e nas críticas a apropriações indevidas deste uso se desenvolve segundo o modelo de um resgate da origem ideal do ser alemão presente em sua língua. Em última análise, elas dependem da relação de adequação aproximativa ou mitológica entre o discurso e natureza formulada em textos como *O nascimento da tragédia*.

Contudo, anterior às propostas para um uso da língua, há um uso da língua nessas propostas que não pode ser dissociado delas, e uma análise das ideias de Nietzsche a respeito do estilo e da prática do discurso deve começar pelo modo como o próprio texto é construído nessas duas dimensões. Tal análise não tem por objetivo — ao menos neste trabalho — promover uma avaliação estética da estilística de *Sobre o futuro de nossos estabelecimentos de ensino*. Seria razoavelmente fácil encontrar aí, na prática objetiva da linguagem, elementos retóricos muito pouco sofisticados — especialmente se o compararmos ao estilo de obras como *Zarathustra* ou *Nietzsche contra Wagner* — e que fazem o texto oscilar muitas vezes entre uma narrativa exageradamente idílica e um apelo revolucionário estriônico mal disfarçado. Em seus pontos mais inflamados, por exemplo, as conferências assumem tons ora proféticos — "no momento em que cairmos, certamente virá um outro empunhar a bandeira em cujo emblema acreditamos"[125] — ora heróicos — "é bem provável que seja uma morte nobre cair sob a gargalhada zombeteira de tais inimigos"[126] — ou mesmo coléricos, veementemente indignados — "é preciso não ter apenas pontos de vista, mas pensamentos!"[127]. Esse tratamento estilístico atravessa

---

[124] Essa tese é defendida em CRÉPON, M., *"La langue, l'esprit, les 'classiques' — Nietzsche et la question de la langue maternelle" in Le malin génie des langues.*

[125] *KSA* I, 696.

[126] Idem.

[127] *KSA* I, 658.

praticamente toda produção intelectual que Nietzsche havia pensado em fazer vir a público em seus primeiros anos de professorado, e é o que caracteriza o que poderíamos chamar, *grosso modo*, sua *escrita de juventude*, muito distinta daquela que seria desenvolvida mais tarde e que resultaria em sua inclusão entre os maiores estilistas da língua alemã moderna. É verdade que os editores Colli e Montinari, por exemplo, consideram que, nesse período, falta ainda a Nietzsche uma forma literária definitiva e que "o *pathos* dessas conferências torna-se algumas vezes aborrecido <*lästig*>" e revelam assim sua verdadeira disposição espiritual aos vinte anos: "tão cheio de comoção e ingenuidade"[128].

Mas à parte qualquer juízo de valor estético que se pretenda emitir sobre a retórica das conferências, é importante compreender como ela foi eleita por Nietzsche como a forma privilegiada de veiculação de um conteúdo positivo — ainda que não definitivamente, uma vez que a redação última do texto nunca foi levada a termo. Na verdade, dadas suas concepções linguísticas nesse período, torna-se claro que a questão do estilo não deve ser abordada como um problema sobre a mera veiculação de um conteúdo positivo externo a ele. O estilo deve ser o difícil trabalho de recondução da língua ao seu caráter originário, ele é o resultado de um certo espaço para onde a narrativa é conduzida, onde, entre conteúdo e forma, já não é possível distinguir um do outro. O *performativo*, que muitos comentadores de Nietzsche pretendem asinalar como o procedimento-chave de seu discurso filosófico considerado como um todo, assume aqui uma função bastante específica — a de tornar presente, a partir de um *gesto discursivo*, a própria origem à qual esse discurso se refere. Nietzsche concebe, assim, uma defesa do "estilo apresentado estetica e empiricamente, que se compara a uma performance estética, como uma arte que se reflete como a demonstração e a produção encenadas"[129], mas é importante lembrar que o que se entende como *artístico* aqui é fundamentalmente diferente daquilo que terá lugar em seus textos mais tardios.

Tal concepção, como na maioria das ideias desenvolvidas a respeito do uso da língua alemã, pode ser assinalada como, em maior ou menor medida, inscrita na visão geral defendida por Schopenhauer. É bom lembrar que, na avaliação que este último faz da produção literário-filosófica da Alemanha de sua época, o conceito de *estilo* ocupa um lugar fundamental. E se ele não reconhece estilo nessa produção, é

---

[128] *Nachwort, KSA* I, 915. Esse estilo está obviamente presente em obras como a primeira *Extemporânea*, também atravessada por essas flutuações ideológicas pouco elaboradas, mas parece desaaparecer, gradualmente, após *Schopenhauer como educador*, em parte, talvez, pelas rupturas epistemológicas a respeito da própria natureza do discurso que haviam tido lugar pouco antes.

[129] SIMONIS, Linda, "Der Stil als Verführer: Nietzsche und die Sprache der Performativen" *in Nietzsche-Studien*, Bd. 31, 2001, p. 58.

porque, a seus olhos, faltaria a ela o que ele define como "a fisionomia do espírito": pois "o estilo mostra o caráter formal de todos os pensamentos de um homem (...)"[130]. Muitas passagens de sua obra insistem na predominância estratégica do estilo sobre o conteúdo positivo dos trabalhos de um autor:

> Para se fazer uma primeira avaliação acerca do valor <*Werth*> do produto intelectual de um escritor, não chega a ser necessário saber sobre o que ou o que ele pensou; para isso seria necessário que se lesse profundamente toda sua obra — ao invés disso, basta saber apenas como ele pensou.[131]

No caso de Nietzsche, o limite entre forma e conteúdo é explicitamente problematizado em sua epistemologia — inúmeras passagens de *O nascimento da tragédia*, por exemplo, se voltam sobre esse ponto, ao discutirem o sentido da ópera como *forma* na história da música — e, definitivamente, se integram como parte do que se pode chamar a *positividade* de sua filosofia da cultura[132].

No entanto, outras fontes vieram colaborar não apenas na ideia geral do que deve ser o estilo, mas também na própria constituição objetiva do estilo de Nietzsche nesse momento. Sua prática filológica, por exemplo, certamente contribuiu nesses dois sentidos, e Ernst Behler lembra que "seu estudo da retórica grega certamente inspirou sua teoria da linguagem, mas também resultou no caráter retórico de seus próprios escritos"[133].

Assim, o modelo do diálogo socrático que dá forma às conferências pedagógicas é um traço que inscreve Nietzsche numa dinastia formal que remonta a todo o Romantismo alemão e ao *philohelenismus* posterior a Winckelmann, mas sua pertinência ali é bem mais profunda e estratégica. Ao menos dois dispositivos podem ser assinalados como tendo a função de garantir à linguagem, dialeticamente, sua capacidade representativa e catártica. O primeiro deles é aquele que tensiona as teses expostas em dois polos: o daquele que detém a sabedoria e o dos que aspiram a ela; no diálogo das conferências, respectivamente, o velho filósofo — que representa uma espécie

---

[130] SCHOPENHAUER, A., *Parerga und Paralipomena*, zweiter Band *in Sämmtliche Werke*, sechster Band, p. 550.

[131] SCHOPENHAUER, A., *Parerga und Paralipomena*, zweiter Band *in Sämmtliche Werke*, sechster Band, p. 550.

[132] KLEIN, W., "The philosopher as writer: form and content in Nietzsche" *in New Nietzsche Studies*, vol. 2, n. 3 /4 (1998), p. 44.

[133] BEHLER, E., *loc. cit.*, p. 23.

de duplo schopenhaueriano do Sócrates platônico[134] — e seus ouvintes. A síntese desse tensionamento é obtida sempre através da linguagem, capaz de indicar o absurdo das teses dos jovens interlocutores e de provocar uma mudança no íntimo deles, na medida em que faz surgir *neles*, à maneira de Fédon, a ideia da verdade. É nesse sentido que a experiência de conversão socrática e de transformação de toda a história pessoal vivida por Nietzsche enquanto personagem, é narrada na quarta conferência:

> Mas de repente, caiu sobre todo aquele passado uma luz completamente inesperada, na medida em que silenciosa e atentamente nos abandonávamos ao forte discurso do filósofo. Nós nos encontramos diante de nós mesmos, como aquele que, em inesperado maravilhamento, encontra seus pés, completamente, em um abismo (...).[135]

O segundo dispositivo discursivo se caracteriza pela transferência da narrativa para uma terceira pessoa, promovendo um constante deslocamento da autoridade e do lugar da *fala*. Isso tem algumas importantes consequências. Em primeiro lugar, tal deslocamento coloca, em certa medida, o autor do texto, ele mesmo, na posição de ouvinte, capaz de apelar diretamente àqueles que se dispõem a ouví-lo, confessando retoricamente que também ele nada sabe[136]. Isso se deve menos à qualidade intrínseca do gênero, ou à autoridade tradicionalmente filosófica que ele poderia impôr, que à sua adequação a uma experiência de conversão ideológica, messiânica, que exige uma narrativa do tipo confessional para que esse testemunho possa se duplicar no outro ao qual ele apela. Em segundo lugar, as teses são apresentadas no texto de forma elíptica, e a multiplicidade de *personas* literárias torna o trabalho de identificação dessas teses um esforço ativo de interpretação[137]. Essas duas dimensões estão, é claro, intimamente conectadas, e funcionam, para utilizar uma expressão de Paul de

---

[134] Como lembra JANZ, *Nietzsche*, Bd. II, pp. 444-445.

[135] *KSA* I, 718-719.

[136] Na abertura da primeira conferência Nietzsche pede que seus ouvintes pensem *com* ele (*KSA* I, 651).

[137] Cf. KLEIN, W., *loc. cit.*, p. 42: "a recusa de estruturas narrativas lineares e a variedade de vozes, personas e registros encontradas em seus textos tem o efeito cumulativo de tornar extraordinariamente difícil identificar e atribuir definitivamente a Nietzsche qualquer perspectiva". Em *Ecce Homo* Nietzsche identificará, retrospectivamente, esse uso de *personas* literárias propriamente como a semiótica platônica que estava em jogo quando, ao falar de Wagner ou de Schopenhauer, usava-os como máscaras para sua própria voz (cf. *KSA* VI, 320).

Man, como a "'retórica da persuasão' do texto"[138]. Longe de ser inocente, essa retórica apela, subrepticiamente, a um modo de leitura que deve transformar *teoria* em *ação* — apelo que caracteriza toda a reflexão em torno da cultura e que servirá, bem mais tarde, de consciência negativa da sociedade como um todo. Na verdade, não apenas a retórica do texto exige esse posicionamento; Nietzsche é bastante explícito quanto ao que ele espera a esse respeito: uma reforma da cultura deve ter início em uma reelaboração do exercício da leitura.

A prática da linguagem que compõe a nova *Bildung*, portanto, tem início não na escrita, mas no estabelecimento de uma arte de ler que deve colocar o leitor de tal modo diante do texto que ele possa *ouvir* aquilo que ele não diz literalmente. O leitor que Nietzsche espera formar, inclusive para seus próprios escritos, é aquele que transforma o texto em experiência, e, mais especificamente, em uma experiência da origem oculta das ideias que sua linguagem apresenta apenas de viés, mas insistentemente. A exegese subterrânea que se impõe aos leitores das conferências em sua introdução e prefácio, é aquela em que eles "imediatamente advinham o que pode ser apenas sugerido <*angedeutet*>, completam o que deve ser apenas reticente <*verschwiegen*>, quando eles, sobretudo, precisam ser apenas lembrados, e não instruídos <no sentido de serem *dogmatizados*; belehrt>"[139]. Ela é sustentada por uma relação com a linguagem própria dos textos anteriores a 1873, que acreditavam na possibilidade do acesso à essência das coisas através — e apesar — da representação discursiva. Elíptica, a escritura deve ser corrigida pela vontade hermenêutica da leitura.

Um exemplo desse tipo de elaboração textual é dado, logo de partida, pela escolha do título das conferências e pelos problemas que ele deixa a cargo do público, ao qual ele é dirigido, resolver. Apesar de aparentemente auto-esclarecedor, *Sobre o futuro de nossos estabelecimentos de ensino* — título que havia sido atribuído desde o início de seu trabalho preparatório — pode levar a alguns mal-entendidos devido ao caráter muito geral e sumário de seus termos, como afirma Nietzsche em sua introdução[140]. Esse esclarecimento é fornecido como prefácio a fim de que a perspectiva das conferências revele sua singularidade como condição de sua leitura; elas pressupõem, portanto, um primeiro e fundamental deslocamento heurístico: o verdadeiro objeto delas

[138] DE MAN, P., *op. cit.*, pp. 119 e ss. O tradutor americano das conferências reconhece esse duplo dispositivo: "Nietzsche não apenas se esconde de seus leitores, mas também os atrai para si" (GRENKE, M., "Translator's Introduction" *in* NIETZSCHE, F., *On the future of our educational Instituttions*, p. 5).

[139] *KSA* I, 644.

[140] *KSA* I, 643.

surge, ele mesmo, como uma interpretação de cada um dos termos articulados no título das conferências. Esse dispositivo retórico é obviamente devedor de uma prática filológica que podia ser observada, por exemplo, em *Homero e a filologia clássica*, onde uma reavaliação do significado da filologia é operada através de uma reinterpretação do próprio conceito de filologia, ou antes, dos significados em jogo nas inúmeras apropriações da palavra *philologie*[141].

Em primeiro lugar, falar "sobre o futuro" não significa aqui fazer nenhum prognóstico — "profetizar"[142] — mas abrir um caminho, formular uma proposta. *Zukunft*, nesse contexto, é o tempo abstraído, livre da história e de suas determinações pragmáticas: oposto a ela é o limite ideal efetivamente possível, a escatologia para as teses desenvolvidas no texto. Em relação a essas teses, e em um certo sentido, *Zukunft* é seu *a priori* romântico. Não se trata, portanto, de se aventurar em especulações sobre o futuro da humanidade, e isso porque tal tarefa só pode ser levada a cabo da perspectiva da espécie como um todo; ela desconsideraria, assim, a singularidade, a *extemporaneidade* do artista como representante desse *a priori* particular. Em uma nota escrita em caráter privado em 1871, Nietzsche recusa veementemente essa abordagem do termo *Zukunft*:

> Luta contra a perspectiva <*Ansicht*> de que o fim <*Zweck*> da humanidade está no futuro <*Zukunft*>: algo como uma negação <*Verneinung*> en *masse* <em francês, no texto>. A humanidade não está em seus cumes por si só, os grandes santos e artistas são seu fim <*Ziel*>, e, portanto, nem anteriores nem posteriores a nós.[143]

O recurso de uma *mise-en-abîme* do tempo na retórica das conferências vai ao encontro dessa concepção, e aparece como a aproximação contínua em direção a esse Ideal originário, atemporal. Nenhum dos dados históricos ou geográficos, fictícios ou não, tem por função limitar esse movimento que multiplica incessantemente o referente cronológico: de início temos Nietzsche, o autor das conferências; sua narrativa, no entanto, remete à sua juventude, a um passado idilicamente descrito; no interior dessa narrativa, o personagem do velho filósofo emerge como representante de uma sabedoria imemorial e, ao mesmo tempo, tensiona duas concepções de mundo representativas de

---

141 *WdB* III, 157.
142 *KSA* I, 644.
143 *KSA* VII, 161.

duas épocas (a sua e a dos jovens que o escutam); por fim, é o exemplo de sua própria juventude, da ideologia que se representava então no *Gymnasium*, que orienta um último recuo no tempo. O fato de que essas dimensões temporais convivem dialogicamente, que o testemunho de Nietzsche seja ao mesmo tempo o testemunho de sua juventude, o testemunho do filósofo em contraposição à sua juventude, e o testemunho da juventude do filósofo, torna impossível compreender historicamente o *futuro*. Assim, o termo deve ser interpretado como o contrário do que imediatamente sugere o título; seu índice, no âmbito das instituições, é retrospectivo, o futuro é — ou deve ser — um retorno à origem: as *Bildungsschulen* são mais verdadeiras quanto mais "nos conectam com o passado do povo"[144] e na medida em que são purgadas por um "renascimento <Neugeburt>"[145].

Em segundo lugar, o termo "nossos", *unsere*, como aparece no título, é igualmente indireto. Ele não se refere a Basileia, suas escolas e estabelecimentos educacionais. Há pouco mais de dois anos naquele meio, Nietzsche se considera inapto a examinar com alguma autoridade sua situação particular:

> Frequentemente pode parecer que muitas de minhas afirmações gerais se deixam exemplificar bastante em nossos estabelecimentos de educação <*Erziehunganstalten*> *locais, e não sou eu que vou fazer essas exemplificações* <*Exemplifikationen*>, e tampouco gostaria de carregar a responsabilidade por essas lições <*Nutzanwendung*>: ao menos enquanto me sinto tão estranho e inexperiente nesse solo, enquanto me sinto tão pouco firme acerca das condições locais para poder ajuizar corretamente uma configuração tão especial das circunstâncias pedagógicas, ou para poder assinalar propriamente com segurança seu futuro.[146]

Mas essa confessa inaptidão talvez funcione como subterfúgio para o real interesse do texto. Não se trata de Basileia, mas, menos ainda, das formas gerais que as instituições de ensino assumiram entre os diversos povos e suas culturas. A preocupação de Nietzsche é absolutamente explícita, embora o mesmo não se possa dizer de seu título: trata-se da cultura *alemã* e de nenhuma outra, de sua *Bildung* em relação aos meios práticos que ela dispõe — e mais especificamente:

[144] *KSA* I, 645.
[145] Idem.
[146] *KSA* I, 643.

"O futuro dessas instituições alemãs deve nos ocupar, isto é, o futuro da *Volkschule* alemã, da *Realschule* alemã, do *Gymnasium* alemão, da universidade alemã"[147]. Ao mesmo tempo, o que permite encontrar a singularidade do modelo pedagógico alemão é esse procedimento metodológico que o título não pretende comunicar diretamente: o isolamento completo de suas características, de sua *tendência* ideológica — tendência, aliás, que deverá ser corrigida pela verdadeira *essência* igualmente ideológica: "assim nos impedimos por enquanto de todas as comparações e todos os juízos de valor <*Werthabschätzungen*>, como se nossas condições, em relação a outros povos cultos <*Kulturvölker*> fosse um paradigma geral e inultrapassável"[148]. Cabe ao leitor, portanto, encontrar o verdadeiro significado do pronome pesssoal com o qual ele, de início e desavisadamente, se identificara.

Por fim, a própria definição de "estabelecmento de ensino" é fundamentalmente questionada pelo texto e não surge senão como seu objeto *negativo*. Na verdade, pode-se dizer que todo ele tem a função de definir, ou, antes, *redefinir* a ideia de instituição pedagógica. Essa redefinição não encontra seu modelo na elaboração da ideia de universidade, tal como fomentada no começo do século XIX. Embora guarde muitas afinidades com as ideias gerais de Humboldt, por exemplo, as conferências seguem na direção oposta ao propósito dessas. Enquanto o texto humboldtiano mais fundamental para história da reforma universitária — *Sobre a organização interna e externa dos estabelecimentos científicos superiores em Berlim <Über die innere und äussere Organisation der höheren wissenschaftlichen Anstalten in Berlin>*, de 1810 — propunha um estatuto que definia, sobretudo, essas *Anstalten* como *organismo objetivo*, Nietzsche se detem naquilo que Humboldt chama de "Bildung subjetiva"[149], na experiência individual do proceso de formação cultural. Uma vez que é essa experiência que deve servir como modelo e ponto de partida da reconstrução da própria *Bildung*, toda instituição de ensino deve encontrar sua medida fora dela mesma, e seu princípio de autonomia deve favorecer aquilo que nela é não-institucional, aquilo que é mais geral e que vai de encontro à formação de uma casta de eruditos ou cientistas organizada e irremediavelmente agregada a um *estabelecimento*. As *Bildungsanstalten* do título, portanto, na perspectiva de

---

147 *KSA* I, 644.

148 Idem.

149 HUMBOLDT, W. Von; "Über die innere und äussere Organisation der höheren wissenschaftlichen Anstalten in Berlin" *in Werke in fünf Bänden*, Bd. IV, p. 255.

Nietzsche, não existem *ainda*, mas também não existem *mais*: é exatamente isso que nos informa na quarta conferência o velho filósofo[150].

O leitor a quem se dirige o texto das conferências é, assim, aquele capaz de decodificar seu estilo, de fazê-lo revelar, por uma ação do espírito, seu conteúdo. O único leitor capacitado para essa tarefa é aquele que guarda em si a origem que Nietzsche pretende resgatar, o próprio "espírito alemão"[151], e é através da contemplação que as conferências viabilizam, da experiência que elas pretendem fomentar, mas, também, do exercício de interpretação que elas solicitam, que esse leitor poderá ter acesso, enfim, ao "germe de seu ser <*Kern ihres Wesen*>"[152].

O valor superior da linguagem, assim, reside naquilo que ela tem, indiretamente, de não-representativo, de vivenciável: é esse o equilíbrio axiomático que explica os frequentes elogios da leitura em detrimento da escrita nos textos dos primeiros anos da década de 1870. Se o discurso das conferências surge tão ideologicamente comprometido é pelo seu esforço de despertar uma política da palavra cujo modelo está no *ouvir*, no *falar* e no *ler* — gestos com que o autor da verdadeira *Bildung* deve orientar sua frágil atividade de escrita, que sempre tende para o vazio da representação. Essa atitude que visa relacionar, teluricamente, a *língua* com seu *solo* original é o que Adrian Del Caro chama de "retórica da terra", segundo a qual o discurso solicita mais do que informa, e deve ser usado como *medium* de um "ato de superação"[153].

Inúmeros fragmentos desse período associam o diagnóstico de degeneração da cultura com o privilégio do escrito sobre o falado: "Os fatores da cultura *atual*: (...) Escrever, não falar"[154]; e propõem uma inversão: "Ao invés da escrita: pensar e falar"[155]. Em nenhum momento, no entanto, essa posição condena o ofício do escritor. Como lembra Nehamas, uma vez que consideramos a escrita uma *ação*, é legítimo entender que a tarefa de Nietzsche como autor tenha sido, talvez, sua mais relevante atividade na vida[156]. A leitura, como *ação* sobre a essência de um texto, é o meio pelo qual a tradição se torna presente, pelo qual a origem da língua se apresenta — e na língua —, ou antes, se *realiza*: em seu curso de introdução à filologia clássica, essa é uma das lições mais fundamentais que Nietzsche

---

150 *KSA* I, 717.

151 *KSA* I, 650.

152 Idem.

153 DEL CARO, A., "Nietzsche's Rhetoric on the Grounds of Philology and Hermeneutics" *in Philosophy and Rhetoric,* Vol. 37, No. 2, 2004, p. 109.

154 *KSA* VII, 507.

155 *KSA* VII, 508.

156 NEHAMAS, A., Nietzsche — life as Literature, pp. 40-41.

pretende transmitir — "Já que a tradição <Überlieferung> é habitualmete a escrita <die Schrift>, precisamos aprender de novo a *ler* <lesen>"[157]. Somente uma ação desse tipo é que garante o valor de uma obra como tal, e Nietzsche sonha, como confessa à sua correspondente, a senhora von Meysenbug, com o dia em que restará pouco a ler e escrever, e muito a pensar e a fazer[158].

Um resgate da *Bildung* e da *Kultur* exige, desse modo, um retorno à língua-mãe com os instrumentos e cuidados de uma filologia renovada, capaz de fazer a escrita *falar*. Não se pode escrever verdadeiramente em alemão sem que esse gesto desperte, intermitentemente, o ser alemão da linguagem e, ao mesmo tempo, revele a germanidade de seu autor. Essa é a divisa segundo a qual Nietzsche estabelecerá a necessidade de se voltar ao alemão clássico — como o de Goethe, por exemplo — e, mais especificamente, organizará, nas conferências, as regras para o bom uso do alemão nas escolas.

De acordo com as prerrogativas dessa economia da linguagem, o alemão como discurso se aproxima de sua origem na medida em que sua sintaxe está subordinada à sua fonética e à sua métrica. Dessa perspectiva ele surge, no curso sobre retórica, como língua "pálida e abstrata", especialmente se comparado à literatura antiga. Isso porque toda a retórica antiga estava baseada na linguagem falada, incluindo seus ritmos e estruturas parassintáticas próprios, enquanto o alemão e sua estilística estão dirigidos à escrita e à leitura passiva.[159] Em um estado em que a língua alemã é tratada com desdém e se apresenta "tão estragada e oprimida"[160], a tarefa de uma instutição de ensino comprometida com a verdadeira cultura é descrita como aquela que impõe aos alunos uma nova forma de relacionamento com seu discurso:

> Levem sua língua <*Sprache*> a sério! Quem aqui não carrega o sentimento de uma obrigação <*Pflicht*> sagrada, também não possui mais o germe para uma

---

[157] *Mus.* II, 348.No curso do ano anterior, em 1870, sobre *Édipo Rei*, de Sófocles, Nietzsche caracteriza o gesto da visão, anterior e interno ao uso verdadeiro da linguagem, como uma das disposições naturais do povo alemão: "os gregos tinham o maior talento <Talent> par *Ouvir* <*Hören*>, os germânicos <Germane>, para *Ver* <*Schauen*> (ouvintes, espectadores)" (*Mus.* II, 241).

[158] *KSB* IV, 142 — carta de 5/ 6 de abril de 1873.

[159] Parágrafo 3 do Curso sobre retórica, citado por BEHLER, E., *loc. cit.*, p. 16.

[160] *KSA* I, 675.

> formação cultural elevada <*der Keim für eine höhere Bildung*>. Aqui é que se pode ver quão alto ou quão baixo vocês apreciam a arte <*Kunst*>, e quanto vocês estão ligados à arte, aqui no uso de sua língua-mãe <*in der Behandlung eurer Muttersprache*>.[161]

O verdadeiro professor de alemão deve começar operarando no aluno uma purgação ética, afastando-o da linguagem moderna e indicando que vocábulos e expressões de origem popular, jornalística, devem ser banidos do discurso[162]. Quem se dedica ao estudo da língua-mãe deve, antes de mais nada, despi-la de toda roupagem que a arbitrariedade dos modismos acabou por lhe impôr. O exemplo de Nietzsche nesse sentido é o mesmo de Schopenhauer: a influência corrosiva da língua francesa na cultura alemã moderna, não apenas na perniciosidade dos galicismos[163] no discurso cotidiano, mas, mais fundamentalmente, no pernóstico e barroco *modo de pensar* que se denuncia na língua de Voltaire. A recusa dessa influência não é, absolutamente, acessória: ela está no centro da propedêutica negativa para a nova *Kultur* elaborada na segunda conferência, e se refere ao que é essencial na linguagem alemã: os franceses, afinal, são "a civilização não-germânica em seus mais profundos fundamentos <*im tiefeste Fundamente ungermanische Civilisation*>"[164]. O modelo pedagógico de resistência ética que parece atravessar toda essa concepção é o do estoicismo clássico, que havia chegado a Nietzsche sobretudo através dos românticos e de sua leitura de Sêneca. Embora um trabalho de reconstrução da influência imediata de

---

161 *Idem*, 676.

162 Exemplos dessas expressões são dados na segunda conferência (*KSA* I, 676). De modo semelhante, todo o capítulo doze da primeira *Extemporânea* se dedica, apaixonadamente, a denunciar os erros e abusos linguísticos da obra de Strauss (Cf. *KSA* I, 227-242).

163 É Schopenhauer quem chama atenção para os "perniciosos galicismos <verderblichen Gallicismen>" como contaminadores da lingua alemã em *Parerga und Paralipomena* (*op. cit.*, p. 562). Na terceira *Extemporânea*, Nietzsche elogia explicitamente essa atitude do velho mestre, a rejeição da "imitação afrancesada <literalmente: Scheinfranzosenthum>" que alguns autores alemães admiram tanto (*KSA* I, 347).

164 *KSA* I, 690. No final de 1874, logo após a publicação de sua terceira *Extemporânea*, Marie Baumgartner, mãe de um dos alunos de Nietzsche e com quem ele mantivera frequente correspondência entre 1875 e 1877, tomou para si a tarefa de traduzir o texto para o francês — tradução que, terminada, nunca veio a ser publicada. Feliz por ver a possibilidade de ver seu trabalho em outra língua, Nietzsche não pode, contudo, impedir-se de uma crítica que denuncia o quanto, até esse momento, a ideia de simplicidade e clareza *próprias* da línua alemã ainda estavam arraigadas em seu pensamento: "a senhora Baumgartner dedicada e alegremente o traduz (até agora até o capítulo 5), mas diante de muitos de seu maneirismos linguísticos <Sprachbemerkungen>, agradeço então aos céus por ser alemão (...)" (*KSB* IV, 286 — carta de 24 dezembro de 1874 a von Gersdorff).

Sêneca em seus textos dependa de informações históricas razoavelmente obscuras ou indisponíveis, no que diz respeito à relação entre língua e cultura, muitas teses das *Cartas* a Lucilius, por exemplo, são retomadas pontualmente no interior das conferências: especialmente a que deduz a corrupção moral de um povo da corrupção da linguagem — sua bem conhecida divisa "Tal o discurso do homem, assim sua vida <Talis hominibus fuit oratio, qualis vita>"[165].

Concomitantemente à resitência negativa, a pedagogia estóica de *Sobre o futuro* impunha um *treinamento* linguístico positivo. Após a purgação da língua alemã de sua contingente modernidade, o mestre permitirá a seu aluno "a completa compreensão <Verstandlichkeit> de tudo o que se escreve"[166], através de uma rigorosa observação igualmente ética e um estudo regular das línguas clássicas, método que Nietzsche toma de empréstimo de sua prática filológica. Nesse estágio, o encontro com a literatura antiga e seus autores é a via pela qual a linguagem é reconduzida a sua essência íntima. O grego, nesse contexto, funciona duplamente: ele é o discurso e o *ethos*, duplos da verdadeira *Bildung* alemã, mas, também, o completo oposto da cultura alemã moderna. É verdade que "a principal relação da retórica antiga com a cultura intelectual dos modernos é oposicional e se manifesta nos repetidos confrontos de Nietzsche entre a infinitamente refinada capacidade de falar e de ouvir com o tipo de comunicação predominantemente escrita dos modernos"[167]. Mas tão importante quanto isso, a ideia de que uma mesma origem, transtemporal e ética, unifica a cultura grega clássica e a Alemanha wagneriana, é responsável pela via direta e *positiva* que se abre entre os dois modelos pedagógicos.

Boa parte do esforço argumentativo do velho filósofo em *Sobre o futuro* é reservado, contudo, a uma tarefa que parece mais imediatamente

[165] *Epistulae Morales*, CXIV (*in* SÉNEQUE, *Oeuvres complétes*, t. II, p. 170.). Sêneca desenvolve nessa carta a defesa da sobriedade do discurso e a recusa dos modismos. Nietzsche conhecia profundamente os textos de Sêneca, embora não tenha tratado deles com maior atenção em seus escritos ou cursos. Já em 1867, Nietzsche recomenda a von Gersdorff a leitura das *Epistulae morales*, como obra capaz de, em um só golpe, "ater à antiguidade e lembrar Schopenhauer" — *KSB* II, 201. Em 1871, toma de empréstimo da biblioteca da universidade um volume contendo a retórica de Sêneca (cf. CRESCENZI, *loc. cit.*, p. 407). Essa leitura subterrânea, contudo, é fundamental como indício de uma tendência ética, especialmente presente nesses primeiros textos — mais tarde Nietzsche manterá sua admiração por Sêneca, e lhe aplicará o epíteto "toreador da virtude" em *Götzen-Dämmerung* - *KSA* VI, 111.

[166] *KSA* I, 676.

[167] BEHLER, E., *loc. cit.*, p. 23.

urgente na filosofia da cultura de Nietzsche: denunciar o avesso desse uso natural da linguagem e identificá-lo como responsável pelo processo de falsificação da cultura. Essa tarefa, que imprimirá no texto seu tom muitas vezes panfletário, deverá reconhecer na cultura popular pretensamente erudita o signo de uma artificialidade que procura se passar por legítima, e que, portanto, representa o inimigo mais urgente da cultura verdadeira que se pretende resgatar. O desmascaramento através da análise da representação linguística do artificial pode ser entendido como uma das tarefas mais importantes com que estão investidos seus textos. Ele instaura uma pedagogia que é definida em *Schopenhauer como educador* como

> libertação, limpeza de toda erva daninha, escombros, vermes que querem atacar o jovem germe das plantas, emanação de luz e calor, o amoroso e baixo murmúrio da chuva noturna, ela é a imitação e adoração da natureza <*Nachahmung und Anbetung der Natur*>, onde esta é entendida como maternal e misericordiosa, ela é a completude da natureza <*Vollendung der Natur*> (...).[168]

A esse procedimento, Nietzsche associará duas figuras, que surgem — no contexto das conferências, mas também em todo o período messiânico de sua amizade com Wagner — como seus objetos negativos, os "os eruditos corrompidos <*verdorbene Gelehrte*>"[169]: o *jornalista* e *homem culto* <*Gebildet*>. Ambos funcionam segundo uma economia muito próxima, e são frequentemente identificados como sinônimos em seu discurso. Se recuamos um pouco na história de sua formação no imaginário prussiano é possível, no entanto, demarcar algumas sutis diferenças; reconstruir que estratégias viabilizaram seu nivelamento pode nos fronecer dados a respeito dos valores que estavam associados, às vezes de forma obscura, na ideia geral de uma cultura falsificada.

A identificação pejorativa do jornalista como o avesso do verdadeiro escritor alemão não é original de Nietzsche. Mais imediatamente, ela surge nos seus textos dos primeiros anos da década de 1870 como reverberação do desprezo que Schopenhauer dedicou a essa classe em seus escritos. A insistente defesa schopenhaeriana da língua alemã clássica,

---

[168] *KSA* I 341.

[169] *KSA* I, 690.

em detrimento de uma difamante cultura "jornalística" que se instaura sob a forma de uma contaminação dos interesses econômicos nos meios eruditos, parece abrir o caminho no qual a posição de Nietzsche, enquanto professor e enquanto mestre de seus contemporâneos, não deixará de seguir[170]. É a ela que ele deve, antes de mais nada, essa concepção a respeito da íntima conexão entre a degeneração da cultura e seu sintoma mais imediato, a correspondente degeneração da *língua alemã*. Mais uma vez, as reflexões do personagem do velho filósofo nas conferências surgem como empréstimos de certas teses éticas expostas em *Parerga und Paralipomena*, especialmente as mais virulentas: "Uma grande parte de escritores ruins vive apenas da estupidez do público *<von der Narrheit des Publicums>*, que não quer saber de nada senão do que foi impresso hoje — os jornalistas <Journalisten>. Muito bem denominados! Deveriam se chamar, mais explicitamente, 'diaristas' *<Tagelöhner>*"[171].

Mas, anterior mesmo a Schopenhauer, a origem dessa atitude é mais ampla e difusa, e pode ser encontrada na sociedade alemã desde logo após a segunda metade do século XIX, persistindo insistentemente através dele. A imagem negativa que essa rejeição do tipo social do jornalista legou a toda uma geração ideologicamente aristocrática pode ser sumarizada pelo modo como Bismarck, em 1862, o caracterizou — como o lugar onde desembocam todos aqueles que "falharam em encontrar sua vocação na vida"[172]. A constituição desse lugar, entretanto, só foi possível a partir das mudanças econômicas incentivadas pelo próprio Estado segundo o novo modelo industrial. Por um lado, o fenômeno que James Retallack chama de "projeto de profissionalização" do jornalismo como atividade pública na Alemanha do século XIX se deve, em grande parte, ao gigantesco aumento na circulação de material impresso nas áreas urbanas dos estados alemães a partir das últimas décadas do século XVIII[173]. Ao mesmo

---

[170] Cf., por exemplo, SCHOPENHAUER, A., *Parerga und Paralipomena*, zweiter Band, p. 564: "Fazedores de livros *<Büchermacher>* que prestam serviço como diaristas, literatos terrivelmente ignorantes e jornalistas mercenários reduzem as palavras alemãs por todos os lados, como os trapaceiros fazem com as moedas (...)".

[171] *Idem*, p. 537.

[172] Citado em RETALLACK, J., "*From Pariah to Professional? The Journalist in German Society and Politics, from the Late Enlightenment to the Rise of Hitler*" *in* German Studies Review, Vol. 16, No. 2, p. 176.

[173] *Idem*, pp.179 e ss. Inúmeros fatores colaboraram para essa expansão editorial com consequências profundas nos costumes da sociedade alemã, incluindo o aumento do nível de alfebetização de sua população, diretamente relacionado ao caráter popular que assumiram as reformas neo-humanistas nas primeiras décadas do século XIX. Seja como for, as estatísticas sobre a circulação de jornais testemunham o que pode ser considerado uma revolução na prática

tempo, a emergência de um público consumidor de jornais e periódicos fora dos círculos universitários e científicos forçou, no horizonte das atividades sociais, a entrada em cena de um novo tipo de autor, diferente do que estava representado, até então, no restrito grupo da *république des lettres* alemã; esse escritor moderno, não-especializado, era, por isso mesmo, mais palatável ao gosto do leitor médio, também ele *moderno*, e, aos poucos, passou a representar a voz da *modernidade* como um todo, entendida como opinião comum e institucionalmente organizada sobre os assuntos da atualidade, sempre de um ponto de vista não especializado. Especialmente durante todo o longo processo de unificação da Alemanha no século XIX, o jornalista, gradualmente, foi aquele que tomou para si a tarefa de uma *Aufklärung* popular, que já não tinha mais os limites ou o caráter especializado daquela que havia tido lugar no final do século XVIII, e que havia fomentado, então, um debate apenas nos meios mais eruditos da sociedade, como comprovam as discussões de Mendelssohn, Kant e Hamann nos jornais filosóficos de sua época, normalmente associados a sociedades privadas ou secretas[174]. Para uma aristocracia que se viu ameaçada pelo crescimento de uma sociedade industrial, o jornalismo surgia como avatar de uma nova era tecnicista, que parecia destinada a ser a conseqüencia mais nociva do projeto cosmopolita do Esclarecimento, ou mesmo sua mais completa *falsificação.*

Dessa perspectiva, portanto, o *jornalístico* esteve, desde muito cedo, associado a um uso *popular*, panfletário e superficial da língua alemã; e qualquer resistência a ele deveria se dar como afastamento e denúncia de sua retórica. O discurso jornalístico criticado por Nietzsche referia-se, assim, àqueles utilizados nos periódicos que, ao mesmo tempo, publicavam autores representantes de uma elite universitária, mas selecionavam aqueles que fariam mais apelo à consciência popular. Esses autores eram, em maior ou menor medida, partidários do liberalismo emergente na Alemanha ao longo do século XIX e o surgimento do jornalismo como categoria autônoma no mercado de trabalho teve

da leitura à época do segundo Reich: "Dentro das fronteiras do Império alemão, o número de jornais cresceu de cerca de 2400 na década de 1870 para mais de 4200 em 1914" (RETALLACK, J., *loc. cit.*, p. 179).

[174] Para uma história da relação entre os periódicos especializados e certas sociedades secretas, especialmente a *Mittwochgesellschaft*, da qual Kant havia participado, cf. BIRTSCH, G., "Die Berliner Mittwochgesellschaft" *in* BÖDEKER, E. & HERMANN, U., (hrsg.), *Über den Prozess der Aufklärung in Deutschland im 18. Jahrhundert: Personen, Institutionen und Medien*, pp. 94-112.

como condição a propaganda liberal que esses *Gebildeten* pretenderam fazer circular a partir de 1830: em sua origem, o jornalista é o *Gebildete* anti-democrata por profissão e o porta-voz de uma nova ordem econômica[175]. Essa nova elite tecnocrata constitui o alvo privilegiado das críticas de *Sobre o futuro*, e se ela teve como modelo a figura de David Strauss foi exatamente pelo uso de um discurso que ameaçava a legitimidade do autor clássico alemão naquilo em que ele era mais caro no contexto das conferências — seu *idealismo* e a retórica que o fazia funcionar[176]. O jornalista e o *Gebildete*, amalgamados ainda sob uma terceira figura, a do *Billdungsphilister* — como Nietzsche caracteriza Strauss na primeira *Extemporânea*[177] — têm em comum uma disposição para o histórico que ameaça a legitimidade idealista atemporal da *Weltanschauung* aristocrática. É por isso que essas duas figuras funcionam na economia do pensamento de Nietzsche como elementos intercambiáveis.

O motivo pelo qual Nietzsche utiliza a expressão *Gebildeten* para caracterizar esses representantes da nova cultura niveladora e generalizante da Alemanha indica um dos pontos mais importantes de seu ataque contra eles. Essa expressão, no contexto das reformas neo-humanistas do começo do século XIX, havia sido empregada para caracterizar uma função pedagógica que ultrapassava os limites institucionais, e segundo a qual essas mesmas instituições deveriam se orientar: o *Gebildete* como profissional era visto, em função de sua *Bildung* clássica, como o representante de uma

---

175 Cf. SHEEHAN, J. J., *German Liberalism in the Nineteenth Century*, pp. 19 e ss. Uma caricatura da relação entre os liberais e a língua alemã aparece no poema satírico *Pereant die Liberalen*, de Robert Eduard Prutz, ele mesmo um idealista defensor de ideias liberais, que havia sido publicado originalmente em 1845. Suas duas primeiras estrofes são exemplares nesse sentido: "Morram os liberais, / os que discursam, os que se vangloriam, / que pagam sempre suas contas com palavras / mas que são pobres nas ações:/ que às vezes olham para cá, às vezes, para lá, / que às vezes viram à direita, às vezes, à esquerda/ como a bandeira no vento: / morram os liberias!/ Morram os liberais, todos pálidos, todos lívidos / que nas revistas e jornais / passeiam filosoficamente / mas que passam pelas dores dos indigentes / impávidos, cheios de sabedoria, com coração frio: morram os liberais! <Pereant die Liberalen,/ die nur reden, die nur prahlen,/ nur mit Worten stets bezahlen,/ aber arm an Taten sind:/ Die bald hier-, bald dorthin sehen,/ bald nach rechts, nach links sich drehen,/ wie die Fahne vor dem Wind:/ Pereant die Liberalen!/ Pereant die Liberalen,/ jene blassen, jene fahlen,/ die in Zeitung und Journalen/ philosophisch sich ergehn:/ Aber bei des Bettlers Schmerzen,/ weisheitsvoll, mit kaltem Herzen,/ ungerührt vorübergehn:/ Pereant die Liberalen!>" (PRUTZ, R. E., *Prosa und Lyrik*, pp. 49-50).

176 Cf. WAITE, G., "The Politics of Reading Formations: The Case of Nietzsche in Imperial Germany (1870-1919)" *in New German Critique*, n. 29., p. 194: "Para Nietzsche, ele <o livro de Strauss> foi o primeiro produto significativo da indústria cultural alemã".

177 Por exemplo, *KSA* I, 165.

casta heróica, transhistórica, de homens[178]. No entanto, logo depois, o mesmo termo foi utilizado pela oposição aristocrática em referência aos liberais da Assembleia de professores de 1848, com ênfase no fracasso de suas propostas políticas. De acordo com essa segunda perspectiva, a ideia de cultura associada ao *Gebildete* tinha uma conotação popular, pragmatista e pouco nobre[179]. É dessa última concepção, reativa, sobretudo, que Nietzsche herda a semântica que a expressão assume na maior parte das vezes em sua filosofia da cultura. A ela se acrescenta ainda um problema de linguagem que sua prática filológica lhe impõe analisar: antes de tudo, *Gebildete* é um termo substantivado do particípio passado do verbo *bilden* e é utilizado para identificar uma pessoa *já formada*. O modo irônico, embora nem sempre coerente[180], como Nietzsche o emprega têm como função questionar a retórica que Strauss, por exemplo, assume ao se considerar *já educado*. Sua *Bildung*, portanto, interpretada pelo filtro da verdadeira cultura que as conferências de 1872 pretendiam defender, tem origem apenas na vaidade e no interesse egoísta, representa uma generalização grosseira típica da opinião pública dominante nos periódicos, e é completamente estranha ao modelo clássico da linguagem.

Um sinal claro da tradição que sustentava a rejeição de Nietzsche contra o uso popular da língua alemã reside no fato de que a primeira *Extemporânea* não havia sido o primeiro texto a levantar a polêmica contra Strauss em sua cruzada contra o jornalístico e contra o historicismo tecnocrata associado a este: na verdade, desde *Das Leben Jesu*, que este último fizera surgir em 1835, sua hermenêutica histórica havia sido publica e violentamente atacada pelo *Kulturkreis* devido a essa tendência secularizante, potencialmente anti-aristocrática. Para toda uma casta de eruditos ainda resistente na segunda metade do século XIX, seu texto, atravessado por um discurso ativista popular, parecia destinado a promover "a dissolução da ordem civil e, finalmente, a decadência anárquica da sociedade"[181]. É possível que parte dessa atitude Nietzsche tenha herdado de sua época de estudante em Pforta, onde a história era compreendida segundo os

---

178 Cf. ALBISETTI, J. C., *Secondary school reform in imperial Germany*, New Jersey: Princeton University Press, 1983, p. 25

179 Cf. SHEEHAN, J. J., *op. cit.*, pp. 14-15.

180 O termo *Gebildet* surge na quinta conferência, por exemplo, de dois modos: ora como adjetivo que qualifica como heróica e verdadeiramente educada uma juventude do passado (*KSA* I, 740), ora como epíteto irônico da geração contemporânea de Nietzsche — ou, na narrativa das conferências, oposta à do velho filósofo — que reduz independência à ideia anárquica e interessada de indisciplina (*KSA* I, 742).

181 WAITE, G., *loc. cit.*, pp. 198-199.

critérios neo-humanistas, ou seja, como narrativa rigorosa da essência estável do homem, cujo estudo, na língua e pela língua, deveria suscitar a virtude e o caráter, e não como o dispositivo de legitimação de um perspectivismo ou de um relativismo.[182] Na Suíça, o nome de Strauss havia se associado ao radicalismo liberal contra o qual a oposição meritocrática, especialmente no círculo acadêmico, logo se voltou,[183] e, portanto, a um tipo de discurso que, para os últimos representantes da aristocracia do segundo Reich, estava muito próximo daquele lido ampla e perigosamente nos periódicos de grande circulação. Em geral, as atitudes em torno de sua obra estiveram sujeitas a variações muito amplas e partem mais da reverberação de sua polêmica nos jornais do século XIX que do texto mesmo delas: apesar de articular teses diametralmente opostas às de Wagner, Strauss é o seu duplo invertido, um polemista popular. Essas atitudes ilustram o próprio destino do hegelianismo nos meios intelectuais alemães, na medida em que Strauss pode ser caracterizado como o primeiro e ambíguo fruto da geração que seria conhecida como *os jovens hegelianos*[184]. Por esse motivo, Strauss funcionou como "bode expiatório" da cultura alemã pré e pós-romântica e pôde ser criticado tanto pelos defensores de uma cultura meritocrática, como Nietzsche e Wagner, quanto pelos liberais republicanos da segunda metade do século[185]. Isso se comprova pelo modo como os partidários de uma dialética histórica mais radical viam no discurso de Strauss resíduos de uma retórica conservadora[186]. No caso de Nietzsche, a ameaça contra o aristocratismo intelectual é interpretada, sobretudo, segundo seu índice mais visível como fenômeno cultural: o que ele vê como signo da degradação social da cultura alemã não é tanto o conjunto ideológico representado pela

---

182 Cf. LEVINE, P., *Nietzsche and the Modern Crisis of Humanities*, p. 23: a ideia de historicismo tal como apresentado em *Das Leben Jesu* "ainda não tinha tomado o poder no currículo de Pforta, onde nenhum aspecto da cultura grega, exceto a poesia, era seriamente ensinada, e a literatura grega ainda era apresentada como contendo modelos universalmente válidos para a direta imitação estilística e moral".

183 Cf. LAWLER, E. G., *David Friedrich Strauss and his Critics*, p. 15 e nota, p. 126.

184 Cf. GREGORY, F., Nature lost? — National Science and the German Theological Traditions of the Nineteenth Century, pp. 88-106.

185 Cf. MASSEY, M. C., "David Friedrich Strauss and His Hegelian Critics" *in The Journal of Religion*, vol. 57, No. 4, (Oct., 1977), pp. 347 e ss.

186 Marx, por exemplo, considerou *Der alte und der neue Glaube*, de 1872, núcleo do ateque de Nietzsche, como expressão de uma fraqueza histórica do *Volkstaat* e como propaganda da nova política Bismarckiana militarista (Cf. WAITE, G. *loc. cit.*, p. 193). O mesmo livro havia chegado à sua vigésima edição quando os nazistas o fizeram publicar pela Kröner Verlag, em 1938.

retórica de Strauss, mas, inversamente, a retórica a que essa ideologia dá lugar, sobretudo na sociedade pragmatista em rápido processo de industrialização[187].

A forma niveladora, generalizante, de um discurso popular que se toma como verdade, ao ser erguida à condição de critério para a *Kultur*, exclui a possibilidade da linguagem absolutamente única do gênio, e a insistente rejeição, por parte de Nietzsche, da filosofia hegeliana parece se fundamentar no modo como ela foi utilizada pelos liberais, especialmente os jornalistas, na justificação de seus propósitos. O hegelianismo, sua retórica e seu léxico, havia de tal forma penetrado na linguagem dos periódicos, que se tornaram a fonte primária de Nietzsche em sua caracterização do pensamento de Hegel. É pelo estabelecimento de uma forma discursiva *comum* — ou, para utilizar o vocabulário de Nietzsche nesse período, *comunista*[188] — que a sociedade dos filisteus da cultura pode consolidar sua gregariedade pragmática, condenando toda forma de discurso não-padronizada como anomalia. O silêncio com que Schopenhauer durante tantos anos fora recebido na Alemanha, duplicado simbolicamente na recepção de *O nascimento da tragédia* confirma, para Nietzsche, a força castradora dessa política da palavra. A Alemanha é a única culpada pela mudez de sua própria origem.

---

[187] Carl Ulllman, professor da Faculdade de Teologia de Heidelberg, e depois de Halle, considerou, no final do século XIX, que o trabalho de Strauss poderia ser muito atraente para a "nova era político-industrial" (cf. LAWLER, E. G., *op. cit.*, p. 7).

[188] Cf. *KSA* VII, 243: "A *Bildung* geral é apenas um estágio anterior do comunismo <*Die allgemeine Bildung ist nur ein Vorstadium des Kommunismus*>".

Capítulo Dois

A ESCRITURA E A ESPADA

DA LINGUAGEM À AUTONOMIA — ENTRE *MÜNDIGKEIT* E *ZUCHT*

"Fürs erste müssen wir das weltliche Recht und Schwert gut begründen, damit niemand dran zweifle, dass es durch Gottes Willen und Anordnung in der Welt ist"

Lutero

Na genealogia da verdadeira cultura alemã que Nietzsche se empenha em promover, talvez as figuras mais fundamentais historicamente — mas, certamente, não as mais importantes positivamente — sejam a de Lutero, e, por consequência, a da Reforma protestante. Ainda que essa genealogia não tenha sido a mais relevante de suas leituras, o modo como Nietzsche a faz surgir no horizonte de suas argumentações nos fornece elementos para retraçar as origens dinásticas do espírito alemão tal como ele o concebe, e compreender como uma tal genealogia deve se orientar pela relação desse espírito com sua forma de expressão discursiva; ou seja, como um projeto de reconstrução ideológica da verdadeira cultura germânica deve iniciar, ele mesmo, pela reconstrução do *ethos* linguístico que Lutero representou.

Não se pode dizer que Nietzsche tenha tratado extensivamente ou com maior atenção do conteúdo especificamente religioso das teses de Lutero. Na verdade, sua relação com o protestantismo institucionalizado parece intermediada por, no mínimo, lacunas e reservas que volatilizam sua posição quanto ao caráter doutrinário do luteranismo já nos primeiros anos de professorado — ou mesmo antes[189]. Isso não significa, no entanto, que Nietzsche não tenha recebido nenhum tipo de influência do meio protestante em que vivera longamente, mas reconstruí-las de forma satisfatória seria

[189] Cf. BLUHM. H., "Das Lutherbild des jungen Nietzsche" *in PMLA*, Vol. 58, No. 1, pp. 272 e ss.

impossível, uma vez que o século XIX parece ter integrado aos seus dogmas religiosos, como nenhum outro, desenvolvimentos de natureza secularizada — estética, técnica ou estritamente filosófica — e vice-versa[190]. Na cidade em que passou a maior parte de sua infância, Naumburg, e no *Gymnasium* de Pforta, a atmosfera luterana, à época de Nietzsche, já havia incorporado, em maior ou menor grau, as exigências temáticas do neo-humanismo humboldtiano. É nesse sentido que a figura de Lutero aparece, muito cedo, já em 1859, ao lado da de Goethe, Schiller, Klopstock e Winckelmann, em uma narrativa escolar, como um dos "grandes protagonistas de nossa nação <*größten Häupter unserer Nation*>"[191]. Fora desse contexto, no entanto, ela não assume nenhum importância particular e pouca ou nenhuma observação escrita de sua parte foi feita acerca de Lutero nos últimos anos de seu aprendizado em Pforta[192]. Heinz Bluhm chega a argumentar que a penetração positiva do luteranismo naquele *Gymnasium* pode ser amplamente relativizada, e afirma que "Lutero simplesmente não exerceu nenhum papel nos anos de desenvolvimento espiritual fundamentais da infância e adolescência de Nietzsche"[193].

A relevância de Lutero e da Reforma, testemunhada nas várias referências ao longo de textos como *O nascimento da tragédia* e as conferências pedagógicas parece, portanto, residir fundamentalmente em outro lugar. O breve juízo formulado em 1859, que instaura o fundador do protestantismo no início de uma dinastia que inclui alguns dos mais reconhecidos *poetas* da língua alemã, nos informa mais precisamente a que tipo de tradição a última, segundo a perspectiva do jovem estudante de Pforta, e, mais adiante, do jovem professor de filologia em Basileia, deve dar origem[194]. A Reforma inaugura uma dinastia de artistas e não de teólogos ou filósofos. De fato, em toda a genealogia da *Bildung* que é empreendida no período greco-wagneriano de Nietzsche, a imagem de Lutero — e, conseqüentemente, a da Reforma como acontecimento transhistórico — se alinha à ideia de origem do espírito alemão e sua *Bildung*, especificamente por

---

[190] Frederick Beiser resume essa dupla via de penetração entre o religioso — especialmente o luteranismo — e o político no período romântico em seu ensaio introdutório em BEISER, F. (ed.), *The early political writings of the German Romantics*, pp. XVIII-XXII.

[191] *WdB* III, 41-42.

[192] Cf. BLUHM, H., *loc. cit.*, p. 266.

[193] BLUHM, H., *loc. cit.*, p. 266.

[194] A Reforma, no entanto, aparece na conferência sobre o drama musical grego, pronunciada em janeiro de 1870, como marco histórico de uma atitude hostil em relação ao caráter dionisíaco do drama, seu "jogo de noite de carnaval <Fastnachtspiel>" (*KSA* I, 516). No entanto, como essa atitude aparece no texto como estando generalizada, como determinante de um *Zeitgeist* que não é exclusivo da Alemanha, e se anuncia também na França, é razoável supor que a referência seja uma alusão puramente cronológica.

sua via artística, literária. Somente de acordo com essa prerrogativa é que é possível compreender como o acontecimento que foi a Reforma é reconduzido ao seu lugar metafísico de direito por Nietzsche: o do mito, cujo renascimento é profetizado em obras como *O nascimento da tragédia*. É preciso citar integralmente ao menos uma dessas longas passagens para evidenciar o esforço solicitado no interior do texto a fim de efetivar esse movimento:

> Todas as nossas esperanças se estendem, antes, ansiosas, até aquela percepção <*Wahrnehmung*> de que sob essa inquieta e instável vida cultural e espasmos educativos <*Kulturleben und Bildungskrampfe*>, uma força soberana, internamente saudável, primordial <eine herrliche, innerlich gesunde, uralte Kraft> está oculta, que certamente só se move violentamente uma vez em inacreditáveis momentos, e depois volta a sonhar com um despertar futuro. Desse abismo cresceu a Reforma alemã: em seu coral soou pela primeira vez a melodia do futuro <*Zukunftsweise*> da música alemã. Tão profundo, corajoso e inspirado, tão exuberantemente bom e delicado soou esse coral de Lutero, como o primeiro chamriz <*Lockruf*> dionisíaco, que nasce dos espessos arbustos, próximo à primavera. A ele respondeu, em competitivo eco, aquele cortejo festivo, solenemente alegre <*übermüthige*>, de entusiastas dionisíacos a quem devemos a música alemã — e a quem deveremos o renascimento do mito alemão <*die Wiedergeburt des deutschen Mythus*>![195]

O mito, sol e signo do wagnerianismo, é a *língua* mesma da *Bildung* nacional. A tarefa que Lutero empreendeu no horizonte da modernidade alemã, a de verter para o alemão a Bíblia — mais que simplesmente traduzi-la, portanto, pois Lutero utiliza a expressão *verdeutschen* como sinônimo de *übersetzen* — é compreendida por Nietzsche essencialmente como tarefa ética, como resgate de uma relação entre essa língua e a origem metafísica que parecia perdida dede o fim da cultura greco-romana. A Reforma como evento, portanto, tanto quanto qualquer traço doutrinário do protestantismo, é assimilada como elemento estratégico de defesa da *Bildung* linguística nesse período — e não deve ser lida, no contexto dessa defesa, como resistência subterrânea de alguma

[195] *KSA* I, 146-147. Mais adiante (*KSA* I, 149), Lutero torna a aparecer no texto, também ao lado "de nossos maiores artistas e poetas <*Künstler und Dichter*>", como um dos "sublimes combatentes <*erhabenen Vorkämpfer*>" da glória alemã".

filiação religiosa: "Seu protestantismo do tempo de Bonn é primordialmente, senão completamente, apenas um tipo de 'defesa' <'Gegenwehr'> contra o que ele compreendia como fundamentalmente fatal no meio católico, um gesto um pouco vago de disposição <Stimmung> anticatólica".[196] Ao se deter no tema da *estilística* da Reforma, de sua concepção de linguagem, é possível afirmar, do mesmo modo, que sua leitura era determinada em igual ou maior medida por outras fontes, por pressupostos que advinham de uma "classe média alemã emergente"[197], não no sentido industrialista, pragmático que esta assumiu a partir de 1850, mas no sentido geral de uma classe social mais secularizada que as que lhe antecederam.

A concepção luterana acerca da linguagem e da tarefa que ela impõe é descrita em detalhes na conhecida *Carta aberta sobre o traduzir <Sendbrief vom Dolmetschen>*, de 1530, onde se defende, contra os católicos, uma relação íntima, pessoal, com a palavra de Deus, através de sua tradução para a língua alemã. A versão latina da Bília, inacessível ao verdadeiro espírito popular germânico — e linguisticamente inadequada a ele — deve ceder lugar à palavra dita segundo os critérios de expressão próprios desse espírito. A língua popular, portanto, passa a funcionar como índice de uma nova cultura que se desloca para fora dos círculos pretensamente acadêmicos — daí a origem mais remota do tema do *resgate* e da *renovação* legados pela ideia de Reforma à reflexão de Nietzsche sobre a *Bildung*. Lutero resume sua tarefa nesse ponto, ao qual retorna incessantemente:

> Não precisamos, então, perguntar em latim como se deve ler alemão, como fazem esses asnos <Esel, em referência os católicos ou "papistas">, mas, ao invés disso, deve-se perguntar às mães em casa, às crianças nas ruas, ao homem simples *<einfachen Mann>* no mercado como eles falam, e assim traduzir, para que eles possam entender e reconhecer que se fala alemão com eles.[198]

---

[196] BLUHM, H., *loc. cit.*, p. 269.

[197] *Idem.*, p. 266.

[198] LUTERO, M., "Ein Sendbrief vom Dolmetschen" *in Die Werke Matin Luthers*, Bd. V, p. 85. O tom colérico e irônico de Lutero encontra muitos ecos no estilo de Nietzsche, especialmente nesse período das conferências. Cf., por exemplo, o trecho de seu prefácio ao Antigo Testamento, de 1545, onde ataca o *Kulturkreis* de sua época: "Ninguém tem o cuidado de falar corretamente alemão, especialmente os senhores Chanceleres, e os pregadores canalhas *<lumpen prediger>* e escritores embonecados *<puppen schreyber>*" (LUTERO, M., *Vorrede zum Alten Testament*, citado *in* KNAPE, J., "Humanismus, Reformation, *deutsche Sprache* und *Nation*" *in* GARDT, A. (hrsg.), *Nation und Sprache: Die Diskussion ihres Verhältnisses in Geschichte und Gegenwart*, p. 112) É tentador reconhecer esse estilo em

A recusa do latim como língua morta não era exatamente nenhuma novidade à época da *Sendbrief* — o misticismo e o proto-humanismo do século XIV já insistiam nesse problema, a tal ponto que "durante o último quarto do século, representantes do novo ensino e da nova poesia ganharam posições e cátedras regulares [nas universidades]. Em todo lugar, o latim dos professores batia em retirada e foi logo exposto ao ridículo como 'latim de cozinha' pelos humanistas"[199]. Mas o que Nietzsche — e toda a tradição literatura alemã moderna — parece admirar em Lutero é a inversão axiomática promovida entre forma vernacular e experiência pessoal que deve acompanhar e justificar a tradução — e a síntese linguística daí derivada. Segundo a *Sendbrief*, qualquer obra doutrinária, poética, científica ou filosófica, enquanto *medium* formal consolidado, deve ser antecedida por uma outra obra, a que tem origem nesse espírito mesmo e que coloca em questão a primeira:

> Diga-me mais; qual é a obra <*Werk*> através da qual nós apreendemos e guardamos <*fassen und behalten*> a morte e a ressurreição de Cristo? Não pode ser nenhuma obra externa <*äusserlich Werl*>, mas somente a eterna fé do coração; somente e completamente ela e sem nenhuma outra obra se apreende essa morte e ressurreição, quando é pregada através do Evangelho.[200]

Essa nova relação com a língua, íntima, viva e contestadora dos limites impostos por uma autoridade externa, é aquela que Michel Foucault havia identificado como a origem do *ethos* crítico levado a cabo na *Aufklärung* e em Kant[201] e que atravessa todo o texto das conferências de Basileia — e mesmo

---

obras como a primeira *Extemporânea*, mas é provável que essa influência seja fortemente intermediada por Schopenhauer, embora não possa ser completamente desconsiderada.

[199] HOLBORN, H., A history of modern Germany — the Reformation, p. 107.

[200] LUTERO, M., "Ein Sendbrief vom Dolmetschen", p. 91.

[201] Cf. FOUCAULT, M., "Qu'est-ce que la critique? <Critique et *Aufklärung*>" *in Bulletin de la Societé française de philosophie*, 84e. année, n.2, pp. 38-39: "em uma época em que o governo dos homens era essencialmente uma arte espiritual, ou uma prática essencialmente religiosa, ligada à autoridade de uma Igreja, ao magistério de uma Escritura, não querer ser governado assim era essencialmente procurar na Escritura uma outra relação além daquela que estava ligada ao funcionamento do ensino de Deus; não querer ser governado era uma certa maneira de negar, recusar, limitar (digam como quiserem) o magistério eclesiástico, era o retorno à escritura, era a questão sobre o que é autêntico na Escritura, do que foi efetivamente escrito na Escritura, era a questão sobre qual tipo de verdade que dizia a escritura, como ter acesso a essa verdade da Escritura na escritura, e apesar, talvez, do escrito; e até que se chega à questão finalmente muito simples: a Escritura era verdadeira? Em suma, de Wycliffe a Pierre Bayle, a crítica se

o antecede e ultrapassa. Se, portanto, o tema da natureza da linguagem — e, mais pontualmente, da língua alemã — é indissociável do tema da autonomia, isso se deve, sobretudo, à forma como Lutero formulou essas questões, ao *ethos* que ele lhes impôs. A divisa central da *Sendbrief*, "Não os impedirei de traduzir para o alemão <*verdeutschen*> o que eles querem. Mas também não traduzirei para o alemão como eles querem, mas como eu quero"[202], é a pedra de toque desse princípio de *Mündigkeit*, em torno do qual os filósofos esclarecidos construiam suas teorias políticas. É bastante conhecido o tratamento que Kant deu a esse problema em seu artigo de 1784 sobre o conceito de *Aufklärung*. Nele, o *ethos* linguístico luterano, ainda que Lutero não seja explicitamente nomeado, deve abrir um dos caminhos para a liberdade cosmopolita; a escritura como gesto deve desafiar o código instituído, a Escritura (com maiúscula): tal gesto determinaria um contexto onde "se deixaria livre cada um dos cidadãos, especialmente os eclesiásticos <*dem Geistlichen*>, na qualidade de erudito <Gelehrten> para fazer publicamente, isto é, através de seus escritos, suas observações sobre os erros da instituição <*Einrichtung*> vigente (...)"[203]. A radicalização dessa atitude pode explicar completamente a relação ambígua da tradição pedagógica alemã do século XIX com Lutero, da qual Nietzsche, certamente, não pôde se isentar.

Por um lado, o neo-humanismo pode ser compreendido como um dos resultados mais sistematicamente formulados — e talvez o único levado a cabo institucionalmente — da ideia de *autonomia através da Bildung* que havia sido inaugurada na Reforma. Historicamente, a entrada do protestantismo nos estabelecimentos de ensino possibilitou um gradual afastamento entre Estado e Igreja no século XIX, e, por conseguinte, uma crescente — embora frequentemente interrompida e limitada — liberdade acadêmica e editorial que acabaria por gerar o novo *Kulturkreis* humboldtiano. Apesar de algumas vozes dissonantes nesse sentido[204], a religião de Lutero foi compreendida — equivoca ou inequivocamente — "para a maior parte

desenvolveu, de uma parte, que acredito capital e não evidentemente exclusiva, em relação à Escritura. Digamos que a crítica é historicamente bíblica".

202 LUTERO, M., "Ein Sendbrief vom Dolmetschen", p. 86.

203 KANT, I., *Beantwortung der Frage: Was ist Aufklärung?*, Ak VIII, 40.

204 Hermann Baumgarten, por exemplo, historiador de Strassburg da segunda metade do século XIX, encontrava, em Lutero e na Reforma as origens de uma "excessiva interioridade" da qual ele deriva "todos os males da Alemanha" (MILLER, L., "Between Kulturnation and Nationalstaat: The German Liberal Professoriate, 1848-1870" *in German Studies Review*, Vol. 15, p. 49).

dos liberais do século XIX, como o paralelo religioso do movimemnto secular do Renascimento, ao formular os fundamentos do moderno individualismo"[205]. Principalmente através da influência do professor de grego Philip Melanchton, o Protestantismo penetrou no sistema pedagógico alemão remodelando profundamente seu perfil curricular. Isso porque Melanchton, contemporâneo de Lutero e docente na mesma universidade de Wittenberg em que este lecionava teologia, procurou compatibilizar o ensino da doutrina cristã com a leitura dos clássicos greco-romanos, e abriu espaço institucional para a formação do classicismo do século XVIII e, em seguida, do neo-humanismo[206].

Em sentido contrário, o "liberalismo" de filósofos e cientistas como Humboldt se viu extremamente limitado pela institucionalização do dogmatismo protestante das faculdades de Teologia, que se orientavam segundo o dogma luterano e predicavam liberdade apenas no que dizia respeito às convicções religiosas, mas que interferia incisivamente em qualquer tentativa de insurgir contra seu domínio burocrático[207]. Subrepticiamente inserida nas esferas deliberativas do Estado, a Igreja protestante impediu, até o limiar do século XIX, uma emancipação completa do *Kulturkreis*.[208] O protestantismo

---

[205] HOLBORN, H., *op. cit.*, p. 130. Holborn sustenta que essa ilusão retrospectiva, apesar de profundamente difundida no século XIX, era uma distorção do individualismo luterano, segundo ele muito mais complexo e bem distante das teses de Kant ou Hegel. Seja como for, não se trata aqui de avaliar a veracidade desse referencial romântico — sua importância reside, justamente, na demonstração do esforço de tradutibilidade, do qual ele é resultado, no interior do neo-humanismo.

[206] Cf. HOLBORN, H., *op. cit.*, pp. 196: "Os dois mundos <o da filosofia antiga e o da revelação cristã> que Lutero havia separado em dois polos foram reunidos por Melanchton em um único cosmos; segundo essa visão de mundo, antiguidade e cristandade foram trazidas a um equilíbrio harmônico". E também HAMMERSTEIN, N., "As relações com as autoridades" *in* RÜEGG, W., *Uma história da universidade da Europa*, vol II, p. 108: "Lutero viu-se levado a condenar as universidades por as considerar perigosos agentes do Papado (...). Contudo, a instabilidade política, as dificuldades na divulgação da nova cultura e, sobretudo, o apoio e os conselhos de Philip Melanchton cedo o convenceram de que as escolas e as universidades poderiam ser instrumentos especiais da nova fé. A partir daí, os poderes seculares foram fortemente aconselhados a cultivar essas instituições (...)". Nas teses que encerram seu discurso *À nobreza cristã da nação alemã* <*An den christlichen Adel deutscher Nation, 1520*> exige a expulsão dos livros de Aristóteles do ensino universitário como parte de uma reforma dessas instituições e condena, através de uma análise de cada um desses livros, toda sua filosofia (Cf. LUTHER, M., *An den Christlichen Adel deutscher Nation*, p. 66-67). Lutero concentra sua proposta em uma reforma estrutural da pedagogia universitária onde a influência dos dogmas católicos fosse substituída pelo ensino da Escritura.

[207] Cf. HOLBORN, H., *op. cit.*, p. 190.

[208] Cf. HOWARD, Th. A., Protestant Theology and the making of Modern German University, pp. 215-222.

havia se tornado, para uma geração que incluía Kant, Fichte e Hegel, ao mesmo tempo, o princípio fundamental de uma ética hermenêutica e a última fronteira da realização da maioridade cosmopolita[209]. Somente a partir da *Aufklärung* e do novo cenário político influenciado pela Revolução Francesa é que a situação pôde se inverter e a permanência da faculdade de teologia nas universidades dependeu do Código Civil Prussiano de 1794, que caracterizou todas as faculdades como "instituições do Estado (*Veranstaltungen des Staates*)"[210]. A nova *Wissenschaft* humanista tem origem, portanto, na radicalização do conteúdo *ético* do luteranismo — ou daquilo que ela representou como tal — que deveria ser sinônima de uma recusa, tão ampla quanto possível, da interferência de seu conteúdo doutrinário, dogmático, na esfera pedagógica, filosófica e científica: a estatização do saber deveria transformar a *civitas dei* que controlava as disciplinas acadêmicas e as escolas, definitivamente, em *civitas terrena*, expurgando do luteranismo aquilo que nele já não era mais compatível com o novo tempo, com a nova cultura de um Estado que se pretendia esclarecido.

Uma distinção importante, no entanto, deve ser lembrada: a filosofia da cultura de Nietzsche avança um passo a mais no sentido da radicalização do *ethos* linguístico-político luterano e pode ser lida como sua formulação em terceiro grau. Humboldt e sua geração haviam se apropriado da figura de Lutero em um sentido que deveria levar à realização filosófica do estado moderno em detrimento do poder eclesiástico e protestante; o combate que se trava nas conferências tem outro inimigo: o próprio Estado como limitador da autonomia cultural. Tal como ela surge no texto, a imagem de Lutero serve para contestar o destino das reformas neo-humanistas — e se essas queriam promover a cisão entre Estado e Igreja, o projeto de Nietzsche tem como missão separar Estado e *Wissenschaft* — ou, antes, Estado e *Kultur*. O protestantismo, à época da unificação alemã, já havia perdido completamente a influência sobre um poder secular que, com seu militarismo e pragmatismo, havia conseguido fomentar uma identidade nacional suficientemente forte e independente. Por outro lado, "apesar das reformas [neo-humanistas] terem liberalizado muitas áreas da sociedade prussiana, as mesmas reformas foram acompanhadas por um grau sem precedentes de centralização estatal"; em outras palavras, "isso pode ser visto como uma continuação das tendências absolutistas do século dezoito"[211]. Especificamente nesse sentido, a apropriação do luteranismo e da Reforma ao longo das conferências deve ser entendida

---

209 Cf. *Idem*, pp. 1-5.
210 HOWARD, Th. A., *op. cit.*, p. 6.
211 *Idem*, p. 20.

como um anti-humanismo, lançando mão, ironicamente, de um procedimento análogo àquele que este havia utilizado menos de um século antes em seu discurso reformador. Através da posição ética de Lutero, a própria relação de Nietzsche com a tradição pedagógica precedente se torna ambivalente, uma vez que poucas disciplinas acadêmicas sofreram tão fortemente a influência do neo-humanismo como a filologia, devido ao fato de que a origem de ambos frequentemente se confunde — ao mesmo tempo em que as conferências se organizam em torno de uma ideia de autonomia pouco afim com as exigências ainda muito tolerantes de Humboldt acerca da penetração do Estado nas ciências e no ensino.

A herança do modelo político-linguístico da ideia de *Mündigkeit*, tal como havia sido formulada na Reforma, se torna ainda mais complexa em sua disposição beligerante, pois é redimensionada de acordo com o horizonte confuso da política alemã recém-unificada. Nas conferências sobre o futuro das instituições de ensino, sua ambiguidade axiomática, ao mesmo tempo em que revela em que tipo de tradição Nietzsche pretende se inscrever, sustenta uma ideologia política bastante específica, se apropriando de signos do luteranismo em um sentido que lhes seria estranho, em um projeto pedagógico que lhe seria incompatível. A função estratégica da figura de Lutero e da Reforma ao longo das conferências evidencia esse tratamento na medida em que as identifica como núcleo originário do espírito alemão e, portanto, da *Bildung* alemã, mas apenas na medida em que a *Bildung* linguística, entendida como autonomia — ou a autonomia linguística, entendida como *Bildung* — tem como termo mediador a ideia de *Volksgeist*, tal como foi compreendida e utilizada nos discursos da aristocracia prussiana de então. O "espírito alemão que se revelou na Reforma alemã e na música alemã"[212], como indica a segunda conferência de *Sobre o futuro*, é o espírito popular em sua origem — e não como resultado degenerado de uma cultura artificialmente popularizante. Mas se ele deve ser entendido como o caráter vivo, não-erudito, de protesto, contra o academicismo estéril, ele deve incorporar, igualmente, as exigências aristocráticas explícitas desde o início das conferências. O mesmo movimento pode ser observado no final do texto de Nietzsche, quando Lutero, ao surgir como representante do verdadeiro e viril espírito da cultura — modelo, portanto, que equivale aqui a Wagner, a Schopenhauer, enfim, a uma metafísica do gênio romântica e politicamente elitista de qualquer estabelecimento de ensino que se pretenda propriamente alemão — é caracterizado como "filho de mineiro <Bergmannssohnes>".[213]

---

212 *KSA* I, 691.
213 *KSA* I, 749.

Esse epíteto deve ressaltar, essencial e geneticamente, sua excentricidade em relação aos meios eruditos institucionalizados, como a universidade e, como na Reforma, transferir o domínio da língua para a esfera não-corporativa — e mesmo anti-corporativa — desse *Volksgeist*. No entanto, em nenhum lugar o texto deixa na sombra sua escatologia aristocrática, anti-pragmatista. O homem luterano, o que fala a língua simples do mercado, deve, na filosofia da cultura de *Sobre o futuro de nossos estabelecimentos de ensino*, aprender, através de um mesmo *ethos* linguístico originário — e, talvez, como sua realização final — a transformar mitologicamente seu discurso. No centro do problema da *Bildung* e da *Kultur*, a autonomia da linguagem aponta sempre nessa direção. E ainda que se possa interrogar as mudanças ideológicas que se agregaram a essa ideia entre Lutero e Nietzsche, mesmo muito mais tarde, à época da redação do *Zaratustra*, ela exercerá um papel positivo no projeto de transvaloração de todos os valores. Em um fragmento de 1884, por exemplo, o *ethos* veiculado na prática discursiva do protestantismo primitivo surge não como um signo natural — como no caso do período das conferências, que ainda lidava com as potencialidades do discurso mitológico — mas como um artifício que Nietzsche, enquanto autor de um novo Evangelho, havia ele mesmo inventado:

> A língua <*Sprache*> de Lutero e a forma poética da Bíblia como fundamento <*Grundlage*> de uma nova poesia <*Poesie*> alemã: — essa é minha invenção <*Erfindung*>! O arcaicizar <*Antikisiren*>, o rimar <*Rim-wesen*> — tudo falso e não nos diz nada suficientemente profundo: ou seja, a aliteração de Wagner![214]

Mantidas todas as distâncias, grande parte da permanência de Lutero no horizonte das reflexões posteriores de Nietzsche parece ter origem no problema ético da autonomia que a Reforma havia imposto aos alemães através

[214] *KSA* XI, 60. É necessário notar, no entanto, que uma certa predominância do tema genético-popular ainda atravessa os textos de Nietzsche nessa época, ainda que a dinastia que esse tema determine incorpore outras dimensões, ausentes de seu período como professor em Basileia. Particularmente um fragmento de 1884 (*KSA* XI, 81) parece retomar, literalmente, as teses defendias na filosofia da cultura dos primeiros anos da década de 1870: "O camponês <Bauer> como o tipo mais comum de noblesse <em francês, no texto>: na medida em que ele depende principalmente de si mesmo. O sangue de camponês ainda é o *melhor* sangue na Alemanha: por ex. Lutero, Niebuhr, Bismarck. (...) A nobreza típica e, sobretudo, a nobreza prussiana (e o camponês de certas regiões do norte da Alemanha) compreendem atualmente as naturezas *mais viris* <*männlichsten*> na Alemanha.Que os *homens mais viris* sejam soberanos, isto está na ordem <*Ordnung*>".

de sua língua. É interessante notar como, mais tarde, Nietzsche representará sua própria filosofia como uma superação dos estágios anteriores da língua alemã, que havia se iniciado com Lutero e se aperfeiçoado em Goethe. À época de Zaratustra — que seria, nesse sentido, uma representação superior ao Jesus luterano e ao Fausto goetheano — a preocupação em torno da constituição efetiva de uma nova *Bildung* alemã já não ocupará lugar em suas reflexões, mas o tema da linguagem permanecerá, e, com ele, a dinastia linguística, que já estava traçada desde os primeiros escritos da década de 1870, encontra um novo lugar no Evangelho da transvaloração de todos os valores[215]. Nesse sentido, o *motto* que aquele utilizava contra os católicos e sua doutrinação em latim — *Germanica autem lingua omnium est perfectissima <A língua alemã, contudo, é a mais perfeita de todas>*[216] — ressoa por toda cultura germânica do século XIX, especialmente a romântica, até encontrar seu lugar privilegiado na filosofia da cultura de Nietzsche, e, de forma particular, naquela desenvolvida em seus anos de professorado. Pouco importa, nesse contexto, que tipo de ideologia sustenta a noção, muitas vezes vaga, de *perfeição*.

I. Por uma Zucht estética

Se a autonomia fomentada pela *Bildung* através da prática da linguagem era orientada, em Lutero, por um cânone religioso, por uma escatologia cristã que lhe conferia sentido, em Nietzsche, o problema da educação pelo discurso deve ter como teleologia a unidade ideal representada, objetivamente, pelo *Gesamtkunstwerk* filológico-filosófico, cujo manifesto havia sido *O nascimento da tragédia*, e, subjetivamente, pelo artista originário wagneriano-schopenhaueriano. A escatologia que habita o horizonte de *Sobre o futuro* depende de uma outra relação entre o ideal da verdadeira cultura a ser resgatada e o tipo de autonomia que a torna possível, ela não é, e nem poderia ser, um dogma religioso, que impõe entre essas duas instâncias uma relação categórica — moral ou doutrinária. O que está em jogo na filosofia da educaão de Nietzsche é o próprio critério de determinabilidade entre *Bildung*, como prática pessoal intermediada pela linguagem, e *Kultur*, como conjunto referencial coletivo ou como *literatura* — ou, enfim, no nível pedagógico pragmático, entre o indivíduo e as instituições, entre a liberdade da autonomia e a espada da lei.

---

[215] Cf. WESTFALL, J., *"Zarathustra's Germanity: Luther, Goethe, Nietzsche" in Journal of Nietzsche Studies*, n. 27, pp. 48-54.

[216] LUTERO, M., *Tischreden*, citado *in* KNAPE, J., *loc. cit.*, p.126.

Uma vez estabelecida para a cultura uma escatologia artística, fica claro que seu cânone deve ser *estético*, assim como o tipo de autonomia que lhe é próprio deriva, igualmente, dessa esfera: a *Bildung* linguística não pode ser, por isso, uma *Bildung* gramatical. Engana-se, portanto, aquele que encontra na *sintaxe* um critério regulador para a prática do discurso como pedagogia e, portanto, para os ajuizamentos que são formulados nesse domínio: "que ninguém espere chegar por outro caminho a um juízo <Urtheile> estético senão pelo espinhoso caminho da língua <*Sprache*>, e não pela pesquisa linguística, mas, antes, pela autodisciplina linguística <*zwar nicht der sprachlichen Forschung, sondern der sprachlichen Selbstzucht*>"[217]. Aquela que é a forma da *Bildung*, a *perfectibilidade* da língua, não tem como medida a correção sintática — embora obras desse período, como a primeira *Extemporânea*, não deixem de assinalar que a incorreção nesse nível revela a tendência degenerada do *Kulturkreis* de então; ela não é o negativo de sua lei, mas o símbolo mais externo de sua lacuna. A linguagem, como expressão de uma cultura estético-filosófica, *deve* surgir como autodeterminada, da mesma maneira que a beleza — e, no caso de Nietzsche, especialmente o *sublime* — se manifesta no mundo. As leis segundo as quais o discurso mitológico, cultural, funciona não podem ser as de nenhum *corpus* gramatical que lhe seria externo, mas devem ser constituídas pelo esforço dessa auto-disciplina estetizada cuja semântica é o centro gravitacional de todas as conferências. E se a segunda conferência lamenta a "perda de todo cânone estético <Verlust jedes äesthetischen Kanons>"[218], isso não se dá porque ela se ressente da ausência de uma lei da qual se poderia derivar uma moralidade linguística, mas porque se perderam os referenciais cuja emulação — no mesmo sentido com que a Alemanha procurou *imitar* os gregos — faz surgir no emulador a sua própria identidade, sua própria autonomia. O princípio com que se subsume a *Bildung* na *Kultur*, na medida em que se orienta segundo uma escatologia estética, não pode ser, para utilizar um vocabulário kantiano, *determinante*, mas *deve* ser *reflexivo*. O acento nessa obrigatoriedade nos permite compreender que elementos estão associados, na educação estética de Nietzsche, à prática *artística* da linguagem, de maneira a torná-la coinidente com uma prática *ética*. Por mais surpreendente ou paradoxal que se afigure, à autonomia estética como conteúdo positivo da *Bildung*, o texto das conferências acrescentará o que poderíamos chamar de *imperativo reflexivo*, representado pela ideia geral de *disciplina* <*Zucht*> como critério formal de autonomia. O aspecto disciplinar da linguagem deve ser solicitado

---

217 *KSA* I, 684.
218 *Idem*, 681.

de tal forma a, através do conteúdo estético do discurso, poder se transformar, reflexivamente, em princípio autônomo. Para isso, contudo, ele deve ter início como um *condicionamento*, como uma *determinação externa*, que só se revelará interior, por um esforço cuja metáfora predominante será a *militar*, enquanto essa é a radicalização da ideia de disciplina. A insistente repetição dessa ideia no texto — e do léxico construído em torno dela — é paradigmática. O *locus* dessa disposição é aquele onde o estético, enquanto objeto da *Bildung*, ainda não pôde surgir de forma clara, onde ele ainda se apresenta na "inabilidade, em pungências e feições grotescas <*Schärfen und grotesken Zügen*>"[219], ou seja, na juventude do *Gymnasium*. Somente nesse sentido, negativo e provisório, é que a cultura estético-científica, ou essa *Gesamtkulur*[220] greco-wagneriana, deve começar pelo rigor de um princípio externo: "a juventude em crescimento, nobre e dotada, deve ser, assim, legislada à força, com a redoma do bom gosto e com a rigorosa disciplina linguística <strengen sprachlichen Zucht>"[221]. Dois aspectos, portanto, se sobrepõem na determinabilidade do *ethos* linguístico da *Bildung*: o primeiro diz respeito ao caráter especificamente *estético* da ideia de autodeterminação; o segundo, ao seu caráter especificamente *disciplinar*. É preciso olhar mais de perto essas duas tradições para compreender seu imbricamento em Nietzsche.

A ideia de autodeterminação estética — e toda sua relação com a ideia de autodeterminação ética — é um dos lugares-comuns da teoria da arte romântica, mas seus primeiros traços remontam a certas formulações críticas do *Sturm und Drang*. Ela surge como esforço de reformlação do conceito de autonomia desenvolvido na segunda *Crítica* kantiana, mas de acordo com o princípio reflexivo da terceira: para toda uma geração, Kant havia definido autonomia de tal modo que uma cisão entre natureza e liberdade parecia incontornável. Tal como foi lido, o sujeito autônomo, em seu projeto crítico transcendental, é aquele que separa completamente suas ações da natureza, para agir somente segundo a lei da razão. Tal definição exclui, sistematicamente, a possibilidade de um princípio de autonomia que se desse, ao mesmo tempo, no interior da natureza e que fosse, ele mesmo,

---

[219] *KSA* I, 680.

[220] Utilizo essa expressão como aproximação do conceito de cultura de Nietzsche e o *Gesamtkunstwerk* de Wagner, e não como o conceito etnológico ou sociológico que define as instituições culturais de um povo (ainda que o modo como o utilizo aqui se assemelhe a esse no que se refere à amplitude dessas instituições) — cf. TRIESCH, M., "Germanistik oder 'Deutsche Studien'" *in Die Unterrichtspraxis / Teaching German*, Vol. 4, No. 1, p. 34.

[221] *Idem*, 675.

racional. O rigorismo moral de Kant, de um só golpe, negava a racionalidade livre da natureza e reduzia a liberdade humana ao domínio da razão prática, subjugando e humilhando outras de suas faculdades, como a imaginação e a sensibilidade. Toda a recepção imediatamente posterior à filosofia crítica, de Fichte a Hegel, de Maïmon a Schopenhauer, enxergou nessas conclusões dois problemas a serem resolvidos. E isso em domínios muito diversos. Por um lado, as ciências progressivamente parecem questionar o modelo newtoniano de determinabilidade das leis, ou, ao menos, o tipo de critério em jogo no gesto científico que justifica seu método de determinação objetiva. Por outro, a filosofia tentou recuperar a legitimidade legisladora do todo das faculdades do espírito, que Kant havia submetido aos desmandos nada razoáveis da razão e sua tendência ao incondicionado moral.

Essa problematização da autonomia já havia sido originalmente explorada por Schiller, como complementação pré-romântica do rigorismo de Kant, e é absolutamente plausível supor uma forte apropriação por parte de Nietzsche desse desenvolvimento, embora não seja possível determinar de forma exata, através de referências textuais, até que ponto ela se deu, uma vez que as ideias daquele primeiro haviam se difundido ampla e imprecisamente na esfera pedagógica do *Gymnasium*, e deu origem mais ao culto de sua personalidade que à adesão generalizada às suas ideias.[222] É verdade que outros conceitos envolvidos na argumentação desse problema não parecem receber muita atenção na filosofia da cultura dos primeiros anos de professorado: "Se Nietzsche apreciava essa dimensão do pensamento de Schiller, isso não é imediatamente aparente. Mas o fato de que Nietzsche conhecia as obras de Schiller e esse ponto específico das *Cartas estéticas* está fora de questionamento"[223].

A tarefa que Schiller havia se dado era a de reconsiderar a ideia de liberdade segundo argumentos teóricos que a incluissem no domínio da natureza. Esse objetivo foi perseguido, não sem um visível esforço e de forma, talvez, inconclusiva, em seu *Kallias ou Sobre a beleza*, de 1793. Ali, o conceito de

[222] Isso não significa, absolutamente, que Nietzsche não tenha estudado Schiller — muito pelo contrário. Sobre a relação entre os dois, cf. REHDER, H., *"The Reluctant Disciple: Nietzsche and Schiller"* in O'FLAHERTY, J. et. al. (org.), *Studies in Nietzsche and the Classical tradition*, especialmente pp. 162-164. Apesar de superestimar certas correspondências entre os dois sutores, esse breve artigo oferece um bom esquema comparativo. Mais preciso é o estudo de Adrian Del Caro em *Nietzsche contra Nietzsche — Creativity and the Anti-Romantic*, pp. 60-65. Del Caro reúne, ainda, alguns indícios da leitura de Schiller nas cartas de Nietzsche entre 1869 e 1870 (p. 63).

[223] DEL CARO, A., *op. cit.*, p. 63.

autonomia é deduzido não a partir do caráter determinante de um imperativo categórico, mas é dado *reflexivamente*, no interior mesmo do conjunto dos objetos da natureza, que poderiam, portanto, *surgir como livres*. Essa autonomia estética — ou *heautonomia* <*Heautonomie*>[224] — é defina por Schiller nesses seus escritos teóricos como

> a pura concordância da essência interior com a forma <*die reine Zusammenstimmung des innern Wesens mit der Form*>, uma regra <*Regel*>, que é igualmente seguida e dada pela coisa mesma. (Somente por esse fundamento o belo é, no mundo sensível, um símbolo <*Symbol*> do completo em si ou do acabado, na medida em que não precisa ser referido como o que é conforme a fins a algo externo, mas, antes, igualmente comanda e obedece a si mesmo e realiza sua própria lei <*Gesetz*>.[225]

As cartas *Sobre a educação estética do homem*, de 1795, podem ser lidas como o esforço cosmopolita de encontrar para essa autonomia o lugar na *Bildung* dos indivíduos em geral. Nesse sentido, o conteúdo estético da beleza não pode ser confundido com aquele articulado no domínio moral ou ético[226], mas ela, fundamentalmente, "proporciona <*verschafft*> às faculdades do pensamento <*Denkkräfte*> a liberdade de se exteriorizarem de acordo com suas próprias leis <*Gesetzen*>"[227], leva "de uma existência limitada <*beschränkten*> a uma absoluta <*absoluten*>"[228]. O *locus* estético é privilegiado na medida em que favorece a formação da moralidade no homem, "em que é capaz de conter o ímpeto da natureza em nós e suscitar a atividade da razão"[229], ou seja, em que promove *em nós* um tipo de autonomia que está em jogo em sua dedução.

---

[224] SCHILLER, F., *Kallias, oder über die Schönheit in Sämtliche Werke*, Bd. V, p. 416. O conceito de *Heautonomia* já havia aparecido, segundo outros limites, na introdução da terceira *Crítica* de Kant (B XXXVII)). Cf., também, ROEHR, S., "Freedom and Autonomy in Schiller" *in Journal of the History of Ideas*, Vol. 64, No. 1, p.120, onde se tenta mostrar que Schiller só pode formular sua ideia de autonomia estética a partir da influência de outro conceito de autonomia, o de Reinhold.

[225] SCHILLER, F., Kallias, oder über die Schönheit in Sämtliche Werke, Bd. V, p. 416.

[226] Na vigésima segunda carta Schiller insiste no fato de que a "cultura <*Kultur*> estética" não tem como substituir a cultura moral, uma vez que " ela não realiza, sozinha, nenhum fim <*Zweck*>, nem intelectual, nem moral" (SCHILLER, F., *Über die ästhetische Erziehung des Menschen in einer Reihe von Briefen in Sämmtliche Werke*, Bd. V, p. 635).

[227] SCHILLER, F., Über die ästhetische Erziehung des Menschen in einer Reihe von Briefen in Sämmtliche Werke, Bd. V, p. 628.

[228] Idem.

[229] BARBOSA, R., Schiller e a cultura estética, p. 38.

A teoria da arte parecia, assim, oferecer os elementos conceituais capazes de confrontar os limites do rigorismo da razão prática e resolver seus dois "problemas". Em primeiro lugar, objetivamente, ela oferecia, em linhas gerais, um modelo de princípio heurístico reflexivo, segundo o qual as formas das leis derivariam de uma disposição, interna e desonerada de suas funções determinantes, do sistema de objetos aos quais elas se aplicariam, e possibilitava, assim, a formulação da hipótese de uma natureza auto-legisladora. A dialética do conceito de autonomia estética, conduzindo a reflexividade — que Kant havia encerrado nos juízos estéticos e teleológicos da terceira *Crítica* — ao âmbito do *objetivamente* racional, reinseria a liberdade na natureza e inaugurava um novo modelo de metodologia científica, que teve seu apogeu nas décadas de 1830 e 1840, após o que deu lugar ao materialismo histórico e ao positivismo naturalista: esse modelo era o da *Naturphilosophie*. Segundo ele — e de acordo com um reformulação de certas teses de Schiller diluídas na atmosfera romântica de então — um sistema de objetos estaria submetido a uma lei dada não mais pelas *representações externas* de nível teórico às quais ele deveria ou não se adequar, mas pela *dinâmica* interna desses objetos mesmos, que substituíam a *análise* pela *genealogia*: o signo indelével da *Vorstellung*, que antes servia como medida de toda lei, passa a se submeter, de agora em diante, às potêncialidades de uma *Kraft*.

> A matéria viva era vista como contendo um princípio imanente de auto-movimento cujas origens estão em poderes ativos residindo na matéria mesma. A matéria morta e inerte dos mecanicistas podia, mais uma vez, ser pensada como tendo a possibilidade de se tornar animada, dissolvendo, assim, a estrita sepação entre matéria e espírito, essencial para o mecanicismo newtoniano.[230]

Uma transformação desse tipo pode ser observada em vários níveis, embora não se posa dizer que ela tenha se dado de forma homogênea ou unânime. Analisando a linguística de Friedrich Schlegel e dos irmãos Grimm, Michel Foucault sublinha exatamente esse aspecto — o que esta pretendia era que o esquema legislativo externo e representativo, newtoniano-kantiano, cedesse

---

[230] REILL, P. H., "Science and the Construction of the Cultural Sciences in Late Enlightenment Germany: The Case of Wilhelm von Humboldt" *in History and Theory*, Vol. 33, No. 3, p. 351.

lugar ao estudo da estrutura invisível, cujo desenvolvimento, cuja *Bildung*, obedecesse às leis estritas de sua própria e livre dinâmica interior:

> Por esse conjunto de relações, os caminhos da história se encontram prescritos; e, no lugar de as línguas serem submetidas a essa medida externa, a essas coisas da história humana que deveriam, para o pensamento clássico, explicar suas mudanças, elas detém, elas mesmas, um princípio de evolução.[231]

Foi precisamente esse modelo dinâmico-reflexivo que penetrou a *Wissenschaft* do século XIX e a *romantizou*. A entrada da *Entwicklungsgeschichte*, assim como suas variantes específicas, locais, no horizonte epistemológico das ciências promoveu, como em nenhum outro momento, antes ou depois, sua aproximação metodológica, axiomática e ideológica com o idealismo especulativo e suas mitologias — a tal ponto que um patologista como Rudolf Virchow pôde definir sua metodologia, em meados do século XIX, como um *humanismo*, sem entrar em contradição com as exigências de rigor erguidas em seu meio profissional[232]. Em última análise, "o que é racional na tradição é, então, não apenas isolado e afirmado, mas também [lhe é] dado vida orgânica na qual é *preservado*, e não simplesmente imposto sobre um vazio"[233]. E é legítimo supor que a reformulação do conhecimento segundo esses termos se popularizou sob a forma de um vitalismo que, embora muitas vezes parecesse mesmo contraditório em relação a algumas teorias filosóficas mais radicais, explica perfeitamente a disseminação do interesse pelas ciências naturais na sociedade alemã por volta da metade do século XIX[234]. Essa popularização da *Naturphilosophie* ou da *Naturwissenschaft* de então parece mesmo ter sido responsável pela sua estigmatização, que a relacionava ao surgimento de uma nova classe média na sociedade alemã e a caracterizava, segundo alguns discursos originários da aristocracia acadêmica,

---

[231] FOUCAULT, M., *Les mots et les choses*, p. 300.

[232] ROYCE, J., "Some Relations between Philosophy and Science in the First Half of the Nineteenth Century in Germany" *in Science*, New Series, Vol. 38, No. 982, p. 576.

[233] READINGS, B., *The University in ruins*, p. 64. Readings conclui, em seguida: "Assim, por exemplo, através do processo hermenêutico, a nação chega a incorporar uma etnicidade que é erguida à auto-consciência racional. Isso difere significativamente de uma crença de que formas sociais previamente existentes serão substituídas por aquelas deduzidas com base na ideia abstrata de humanidade".

[234] Cf. DAUM, A. W., "Science, Politics, and Religion: Humboldtian Thinking and the Transformations of Civil Society in Germany, 1830-1870" *in Osiris, 2nd Series*, Vol. 17, pp. 109 e ss.

como utilitarista — o que explicaria o relativo desinteresse por essas disciplinas no meio de Nietzsche, por exemplo, durante esse período[235]. Esse efeito se torna ainda mais evidente se constatarmos que os movimentos trabalhistas, que emergiram nessas mesmas décadas, puderam associar o vitalismo e a rejeição da normatividade externa, em jogo nas ciências naturais, a uma "força-motriz do desenvolvimento social <*Triebkraft der gesellschaftlichen Entwicklung*>"[236], ao mesmo tempo positivista e materialista — duplamente anti-aristocrática, portanto. É preciso ter isso em vista, comparativamente, o tipo de *Wissenschaft* que caracteriza o modelo de Nietzsche, que incorpora o romantismo como princípio geral de *restauração*, e não de *revolução*. Sua autonomia estética não se alinha, sob nenhuma circunstância — ao menos nesse primeiro período de sua filosofia — ao que mais tarde seria o *motto* do dadaísmo e das escolas artísticas de vanguarda, o da *arte pela arte*.

Em segundo lugar, subjetiva e intersubjetivamente, essa disposição livre retirava da razão o privilégio exclusivo da legislação do espírito autônomo e rearmonizava faculdades sensíveis e inteligíveis. Ela, portanto, deveria inaugurar uma outra propedêutica, seja no sentido de uma predisposição formal para o conteúdo positivo da moralidade — como é o caso, na maioria das vezes, da pedagogia estética de Schiller —, seja no caso mais extremo em que ela se realiza como o próprio conteúdo da moralidade — como é o caso de Schelling, Hölderlin e Hegel em *O mais antigo programa de sistema do idealismo alemão*, manifesto inacabado que propõe precisamente a síntese estética da educação da humanidade:

> Estou, portanto, convencido, de que o mais alto ato <*Akt*> da razão, no qual ela engloga todas as ideias, é um ato estético e que a verdade e o bem somente na beleza são irmanados <*veschwistert*>. *(...) A poesia* <*Poesie*> adquire, assim, uma dignidade maior <*eine höhere Würde*>, ela se torna no fim o que era no começo: mestra da humanidade <*Lehrerin der Menschheit*>.[237]

---

[235] Cf. DAUM, A. W., *loc. cit.*, pp. 113-114.

[236] BAYERTZ, K. "*Naturwissenschaft und Sozialismus: Tendenzen der Naturwissenschafts-Rezeption in der deutschen Arbeiterbewegung des 19. Jahrhunderts*" *in Social Studies of Science*, Vol. 13, No. 3, p.359.

[237] HEGEL, G. W. F., <*Das älteste Systemprogramm des deutschen Idealismus*> *in Werke*, Bd. 1, p. 235. A autoria desse texto, encontrado como manuscrito incompleto, preenchido com a caligrafia de Hegel, e publicado somente em 1917 por Franz Rosenzweig, é ainda disputada entre Hegel, Schelling e Fichte. Sobre esse assunto, cf. a nota do tradutor Rubens Rodrigues Torres Filho em sua versão do fragmento publicada em SCHELLING, F. W. von, *Obras escolhidas*, pp. 41-42 e, também, JAMME, Ch., & SCHNEIDER, H., *Mythologie der Vernunft: Hegels 'älteste Systemprogramm' des deutschen Idealismus*, pp. 63-76. David Farrel Krell, além de fornecer a mais recente análise desse debate, propõe,

A ideia de harmonia livre, realizada nessa síntese, estende-se dos processos subjetivos do ajuizamento estético para a própria estrutura do saber em geral. Esse movimento pode ser entendido como resultado da transposição do conceito de organismo, tal como havia sido elaborado na terceira *Crítica*, ou seja, nos limites do ajuizamento estético e teleológico, para esferas progressivamente mais amplas, ao ponto de poder ser aplicado como modelo às ideias de Estado, de Universo, de História e de ciência de forma geral[238]. O uso do termo *Wissenschaft* ao longo do século XIX comprova a profunda mudança estrutural trazida por essa perspectiva: o que traduzimos, apenas por conveniência, por *ciência*, era entendido, por Schiller e a geração que o seguiu, como a figura institucionalizada do equilíbrio estético, da unidade harmônica do espírito em todos os campos de saber. Para Schleiermacher, por exemplo, como lembra Bill Readings, "*Wissenschaft* dá nome à ciência especulativa que é a unidade subjacente a toda busca de conhecimentos específicos. *Wissenschaft* é a busca especulativa pela *unidade* do conhecimento que marca um povo cultivado"[239]. Além disso, tanto quanto em Nietzsche, o critério dessa unidade é dado naquilo que há de mais essencial no espírito de uma *Kultur*: sua língua — "A ciência tem sua unidade no esquema <framework> de uma linguagem nacional, que forma uma totalidade fechada dentro da totalidade mais ampla do conhecimento absoluto"[240]. Não é preciso insistir longamente nesse ponto, uma vez que são bastante conhecidos os desenvolvimentos dessa dialética da filosofia idealista especulativa. O importante é assinalar que aqui, formulada como autonomia estética, ela atravessa, insistentemente, todo o século XIX, e encontra profundas reformulações em domínios muito diversos, como no idealismo especulativo de Hegel e, segundo um outro tipo de escatologia, mas de acordo com a mesma lógica, nas ciências naturais.

A ideia de autonomia linguística de Nietzsche, no entanto, possui importantes diferenças em relação à teoria estética de Schiller, e nos revela em que nível se dá, concomitantemente, sua filiação e sua ruptura com o classicismo que este último, ao lado de Goethe, representava. O projeto estético-pedagógico das cartas *Sobre a educação estética* tinha como horizonte a humanidade,

---

surpreendentemente — e sem muitas evidências textuais — que esse texto poderia ser, ainda, de Nietzsche — cf. KRELL, D. F., *The Tragic Absolute: German Idealism and the Languishing of God*, p. 11.

238 Cf. ULRICHS, L.-T., "Das ewig sich selbs bildende Kunstwerk. Organismustheorien in Metaphysik und Kunstphilosophie um 1800" *in Internationales Jahrbuch des Deutschen Idealismus*, vol. 4, p. 259.

239 READINGS, B., *op. cit.*, p. 65.

240 *Idem*, p. 66.

compreendida de acordo com o ideal de cosmopolitismo, que Lessing havia esboçado em *A educação da espécie humana* *<Die Erziehung des Menschengeschlechts>* e que Kant explorara mais sistematicamente em seus escritos políticos. Durante seus primeiros anos em Basileia, contudo, Nietzsche havia elaborado uma enfática crítica contra a tendência cosmopolita em filosofia e a opunha à urgência do resgate mais específico da germanidade, ainda que essa pudesse ali ser entendida em um sentido bem mais amplo que o do nacionalismo delimitado geograficamente — em função, especialmente, do caráter instável da geografia alemã durante a guerra. A segunda conferência de *Sobre o futuro*, sobretudo, assinala o perigo da penetração de tudo o que é estrangeiro para a consolidação da verdadeira cultura nas instituições de ensino — tudo o que é "caráter cosmopolita desse esforço cultural"[241] estrangeiro acaba por retirar do alemão seu verdadeiro solo, sem o qual não pode se manter de pé. Aquilo que a segunda *Extemporânea* denuncia como "o carnaval cosmopolita de deuses, costumes e artes"[242] deve ser substituído, portanto, por um conceito de humanidade restrito ao que é germânico, e, somente por essa via, universal. Em segundo lugar, a conclusão da tarefa do resgate da verdadeira essência da cultura, que Schiller, em 1795, via adiada para mais de um século[243], Nietzsche, como Wagner, pode, enfim, sentir-se no direito de proclamar como iminente. Por fim, na medida em que substitui a moral racionalista kantiana, à qual o classicismo de *Kallias*, por exemplo, ainda parecia relativamente vinculado[244], pela moralidade estético-filosófica do *Gesamtkunstwerk* no que diz respeito aos fins da *Bildung*, Nietzsche precisa suprimir as distâncias entre autonomia estética e ética. Schiller ainda acreditava em uma educação para a beleza distinta positivamente de uma educação para a moral ou para o pensamento[245] que não fará sentido na pedagogia do futuro de *O nascimento da tragédia*, por exemplo. É esse aspecto que constitui sua distância político-linguística em relação ao classicismo — ele anuncia, mais precisamente, um idealismo romântico muito particular.

Concomitantemente ao conceito de autonomia estética, que funda a teleologia de sua filosofia da cultura e deriva, para ela, um cânone positivo poético — não enquanto conjunto de leis representadas, mas de princípios de *reflexão* — Nietzsche estabelece sua condição formal, o que

241 *KSA* I, 689.

242 *KSA* I, 279.

243 Cf. SCHILER, F., Über die ästhetische Erziehung des Menschen in einer Reihe von Briefen in Sämtliche Werke, Bd. 5, p. 589-590.

244 Cf. ROEHR, S., *loc. cit.*, p. 126. Roehr procura identificar, ainda, certas diferenças entre o conceito de autonomia de *Kallias* e o da obra teórica posterior de Schiller.

245 Cf. SCHILER, F., *Über die ästhetische Erziehung des Menschen in einer Reihe von Briefen*, p. 634.

poderíamos chamar de um outro cânone, dessa vez negativo, propedêutico e provisório enquanto tal, já que a lei que ele instaura deve aos poucos ser transformada, também de forma reflexiva, e pela ideia de autonomia estética, em natureza: o cânone disciplinar. Também em relação a esse ponto, ele parece estar de acordo com o idealismo dos neo-humanistas:

> Propriamente educado, o sujeito aprende as regras do pensamento, não um conteúdo de conhecimento positivo, de tal forma que pensamento e aquisição de conhecimento se tornem uma atividade livremente autônoma, parte do sujeito. Em relação a essa distinção entre o processo reflexivo da Bildung apropriado à ciência e a aquisição meramente mecânica de conhecimentos positivos, os Idealistas estão em uníssono.[246]

O que o distancia destes, no entanto, é a economia desse processo, especialmente a intensificação do momento disciplinar da dialética pedagógica da autonomia estetizada: para Nietzsche, essa propedêutica formal tem como modelo a disciplina militar enquanto radicalização da ideia de disciplina em geral. Esse militarismo, no entanto, é bem diferente daquele com que ele havia se ocupado em sua adolescência.

É claro que os traços aristocráticos da figura do soldado haviam resistido como resíduo ideológico, especialmente por sua compatibilidade, nesse sentido, com a proposta pedagógica desenvolvida nas conferências sobre a educação. Um insistente léxico emerge ao longo do texto, indicando a forma disciplinar incontornável onde a *Bildung* deve se alojar: *disciplina <Zucht>, obediência <Gehorsam>, dever sagrado <heiligen Pflicht>, obrigar <nöthigen>, repugnância física <physischen Ekel>*[247]. Todas essas expressões e suas variantes, repetidas incansavelmente no discurso pedagógico de Nietzsche — para além das sessões da *Aula des Museums* — convergem na mesma ideia, apresentada explicita e suscintamente na segunda conferência: "Aqui deve ser o caso de todos aqueles ocupados seriamente consigo mesmos, como aquele que, enquanto homem em crescimento *<erwachsener Mensch>*, um pouco como soldado *<Soldat>*, é obrigado a aprender a andar depois de ter sido anteriormente, no andar, um diletante e empirista cru *<roher Dilettant und Empiriker>*"[248]. Essa estrutura de

---

[246] READINGS, B., *op. cit.*, p. 67.
[247] Respectivamente, *KSA* I, 684, 680, 676, *idem* e 684.
[248] *KSA* I, 684.

aprendizado, a dialética da *Bildung* militar, é, por natureza, análoga à que tem como referência a linguagem: "Com o correto caminhar <*Gangart*> da língua começa a *Bildung*"[249]. Metáfora e modelo formal da cultura, o soldado, seus duplos e negativos obsedaram todo o imaginário alemão das guerras napoleônicas do começo do século XIX ao nazismo. Norbert Elias analisa o desenvolvimento crescente dessa ideologia no horizonte cultural e institucional da Alemanha, especialmente como ela se deslocou de um *métier* tradicionalmente fechado para um tipo de relação social específica entre patrões e empregados, até, enfim, à época das conferências de Nietzsche, ter sido assimilada nas teorias e práticas do *Kulturkreis* aristocrático:

> Que, em certa medida, o ethos militar definiu o ethos do trabalho para os próprios trabalhadores e também, em última análise, o ethos do trabalho nacional e a consciência dos indivíduos, estava igualmente em harmonia com a distribuição de forças desse tempo. Também o vocabulário tinha uma ressonância militar. Palavras-chave como 'disciplina' e 'honra', que tinham um papel de relevo no código militar, também são encontradas no código que governa as relações entre patrões e trabalhadores. Mas no decorrer de sua transformação em classe e função, tais símbolos de uma tradição aceite, converteram-se em símbolos de princípios refletidos, meios de explícita argumentação ideológica.[250]

No contexto das reformas pedagógicas neo-humanistas do começo do século XIX, a relação entre ideologia disciplinar e *Bildung* encontraram uma via em dois sentidos. Se, por um lado, as diretrizes fundamentais da prática militar — "combater a subversão" e "prender os incrédulos <*Religionslosen zu fesseln*>"[251] — assimilaram livremente, e, às vezes, confusamente, a reflexão filosófica em seu nível teórico[252],

---

[249] *Idem*, 685.

[250] ELIAS, N., *Os alemães*, p. 188.

[251] HÖHN, R., Die Armee als Eriehungsschile der Nation, p. 250.

[252] Em 1810, como parte das reformas efetivas do sistema educacional que levaram à fundação da Universidade de Berlim, foi fundada uma *Algemeine Kriegsschule* que, pretendendo integrar militares e civis em um debate científico, incluia em seu currículo disciplinas como literatura e filosofia (Cf. BALD, D., "The Impact of Tradition on the Education of the Military in Germany" *in Military Affairs*, Vol. 45, No. 3., p. 110). Um dos exemplos mais eminentes dessa nova atitude é o próprio estrategista Bismarck que, em carta autobiográfica de 1864, fornece o panorama geral de sua formação: "E não procurava uma explicação para aquilo que é incompreensível à razão humana na filosofia da Antiguidade, nos incompreendidos escritos de Hegel e, de modo

por outro, o que se compreendeu posteriormente como a *militarização* da estrutura social alemã pôde ser observado na visão amplamente difundida nos *Gymnasien*, segundo a qual o exército deveria ser a *Erziehungsschule der Nation*, a escola da nação[253].

Essa ideologia estético-militar teve uma longa carreira na Alemanha. Em parte, isso pode ser explicado a partir da dupla função semântica da palavra *Zucht*, que funcionou como seu núcleo axiomático. Ela pode significar *disciplina* como processo de formação dos indivíduos, de sua cultura, de sua moral e consciência, mas também *criação*, no sentido genético da obtenção, a partir de um certo número de práticas regradas, de um novo tipo de ser[254]. Na ascensão do nacional-socialismo alemão, o Estado se apropriou desse duplo significado e se identificou como única força capaz de promovê-lo, estabelecendo, por uma escatologia perigosamente próxima da de Nietzsche, mas fundamentalmente diferente dela — na medida em que o princípio reflexivo estético ali estava submetido a uma moral biológica, e não precisamente a uma origem estético-filosófica — o projeto de reforma eugênica, *völkish*, dos campos de concentração[255]. Nas conferências de 1872, entretanto, a complexa acepção do termo *Zucht* serve como evidência do modo como elas assinalavam a urgência e a natureza mesma de suas teses. Em primeiro lugar, a disciplina promove a manifestação da verdadeira essência dos indivíduos, em particular, dos alemães — conecta-se, assim, à sua origem. A "recentemente comprovada lealdade <*Treue*> do soldado alemão"[256] é, para o jovem professor de Basileia — e para muitos de seus contemporâneos — a prova concreta, revelada de forma incandescente pela conquista da reunificação de 1871, de que o verdadeiro espírito alemão pode ser resgatado. Esse resgate é o que Nietzsche, nos

---

particular, na aparente clareza matemática de Spinoza" (BISMARCK, O. von, "*Carta ao Sr. Puttkammer*" *in* LANGENBUCHER, W. (org.), *Antologia humanística alemã*, p. 261).

253 Cf. STÜBIG, H., "*The Prussian German Army: School of the Nation in the Nineteenth Century — Institutional Mechanisms and Its Consequences for Educational Policy*" *in European Education*, vol. 34, no. 3, pp. 8 e ss.

254 Cf. HARTSHORNE Jr., E. Y., *The German Universities and National Socialism*, p. 27e ROBERTS, T. T., 'This Art of Transfiguration Is Philosophy': Nietzsche's Asceticism" *in The Journal of Religion*, Vol. 76, No. 3, pp. 418-419. Cf., também, o comentário de Walter Kaufmann a respeito desse duplo significado em seu *Nietzsche — Philosopher, Psychologist, Antichrist*, pp. 304-306. A origem biológica consolidou-se rapidamente no interior das teorias evolucionárias pós-darwinistas. A seção X do livro *Von Tieren und Menschen*, publicado em 1908 por Carl Hagenbeck, intitulada "*Von Zucht und Akklimatisation*", considerava a "questão da força <considerada como força externa constrangedora: *Fragen der Zucht*> uma questão fundamental (HAGENBECK, C., *Von Tieren und Menschen*, p. 200).

255 Cf. HARTSHORNE Jr., E. Y, *op. cit.*, pp. 27-28.

256 *KSA* I, 691.

fragmentos póstumos que datam desse período, chama de *Soldat-Kultur*[257], e a dinastia que o representa encontra-se circunscrita através do próprio conceito de *Zucht* — somente nesses termos é que se pode entender como é possível que ela contenha elementos tão díspares em uma primeira análise, como testemunha um esboço de 1873: "O sentido histórico dos alemães se revelou na tempestade do sentimento (...): no Fausto, no A<nel> dos N<ibelungos> de W<agner>, em Lutero, nos soldados alemães, em Grimm".[258]

Em segundo lugar, a *Zucht* é o que permite a criação de um novo tipo de homem, o centauro wagneriano de *O nascimento da tragédia*, que é a projeção no futuro — esse *Zukunft* que sua filosofia da cultura solicita — daquela origem ou essência, o resgate destas. Esse segundo sentido atravessa as passagens de *Sobre o futuro* onde se assinala a relação entre o treinamento disciplinar e a transformação dessa prática em uma natureza, que é segunda na ordem do tempo, mas primeira na ordem das ideias, na medida em que é a realização mesma da autonomia. Nietzsche descreve longamente essa dialética, a da transformação da disciplina em auto-disciplina, em *Selbstzucht* ou auto-educação, *Selbsterziehung*[259]:

> Há os meses penosos: teme-se que os tendões possam se romper, perde-se toda esperança de que os movimentos e posições dos pés artistica e conscientemente aprendidos se dirijam alguma vez de forma confortável e leve, vê-se com terror <*Schrecken*> o quão desajeitado e cru <*ungeschickte und roh*> se põe pé ante pé e se teme ter desaprendido todo caminhar e nunca se aprender o caminhar correto. E, subitamente, se percebe que dos movimentos artisticamente exercitados já nasceu, novamente, um novo hábito <*Gewohnheit*> e uma segunda natureza, e que a antiga segurança e força dos passos se fortaleceu e se voltou com graça para isso: agora se sabe, também, o quão difícil é o caminhar e se permite rir dos empiristas grosseiros e dos auto-denominados elegantes diletantes do caminhar.[260]

[257] Cf., por exemplo, *KSA* VII, 520 e 699.

[258] *KSA* VII, 691.

[259] Cf. *KSA* I, 677, onde a "pura instrução prática <*rein praktischen Instruktion*>" surge como via de acesso a uma "rigorosa auto-educação linguística <*strenge sprachliche Selbsterziehung*>".

[260] *KSA* I, 684.

Percorrer esse difícil círculo dialético é exatamente o que falta aos jovens que pretendem demonstrar sua força através do duelo, estudantes degenerados por uma falsa *Kultur*, cujas regras são dadas pela história e não, como no caso do soldado, pela *necessidade interna*[261]. O velho filósofo das conferências retoma a rejeição que Nietzsche havia desenvolvido contra essa prática da *Burschenschaft* e contrapõe ao ímpeto juvenil injustificado o uso adequado, disciplinado da força, recomendando aos jovens que, ao invés de duelarem, tornem-se soldados, para que aprendam e desenvolvam o verdadeiro significado de suas potências[262]. O soldado, como oposto do duelista, é o único que conquistou sua autonomia.

Vê-se com mais clareza, dessa perspectiva, como o tema da linguagem pode reunir e atualizar uma série de tradições no interior da filosofia da cultura de Nietzsche. O *ethos* literário de Lutero e a estética integral de Wagner confluem a partir da propedêutica da *Bildung* representada na *Zucht* prussiana e sua forma artística, ou, mais precisamente, linguística. A dinâmica dessa propedêutica se apresenta aqui como a transformação dialética do negativo no positivo, da cultura dos filisteus na verdadeira *Kultur*, da heteronomia da lei na autonomia do *estilo*. E a importância desse processo nos lembra que seus termos, se retirados dessa dialética, apresentam-se vazios de sentido em relação ao ideal de cultura: os instintos sensíveis, sem a propedêutica disciplinar, são, como vimos, apenas grosseiros, crus, *roher*. Da mesma forma, sem a escatologia estética e sua capacidade de transformação reflexiva, qualquer *Zucht* perde sua função superior e se reduz a um adestramento moral alheio à *Bildung* — é essa a lição que nos ensinaria a primeira *Extemporânea*: "pois nada têm a ver com a cultura <*Bildung*> as qualidades morais de uma disciplina mais rigorosa, de uma obediência <*Gehorsams*> mais dócil"[263]. A *espada*, metáfora da inexorabilidade da lei da qual Lutero lança mão constantemente em seus escritos[264], deve ser aqui empunhada, antes de mais nada, com *arte*, como quem empunha a pena ao escrever — e vice-versa. Separar a estética do dever, em qualquer

---

[261] Cf., por exemplo, o fragmento de 1873: "Meu ponto de partida <*Ausgangspunkt*> é o soldado prussiano: eis aí uma verdadeira convenção <*Konvention*>, eis aí dever, seriedade, disciplina <*Disziplin*>, também no que se refere à forma <*Form*>" (*KSA* VII, 685).

[262] *KSA* I, 657.

[263] *KSA* I, 163.

[264] Em Lutero, a Espada <*Schwert*> simboliza o constrangimento da lei, legado pela providência divina aos homens enquanto estes não fossem capazes de assimilar, internamente, a lei de Deus. A Escritura, ao ser revelada e assimilada no homem, tornaria a Espada inútil. Cf. LUTERO, *Von weltlicher Obrigkeit, wie weit man ihr Gehorsam schuldig sei in Die Werke Martin Luthers*, Bd. 7, pp. 10-16.

sentido, corresponderia a perder "o conceito puro da cultura"[265], mal de que a contemporaneidade de Nietzsche, a seu ver, parecia padecer.

Pode-se dizer que a tarefa de sua pedagogia pretende, em última análise, elevar esse conceito a uma *experiência* artística. O que se compreende como "cultivo formal <*formelle Bildung*>"[266], e que se opõe diretamente a um aprendizado de acúmulo, à erudição histórica, por se deter no que há de universal e essencial na linguagem, deve, por um esforço disciplinar, tornar-se, ele mesmo, *vida*. É claro que tal esforço assume, inicialmente, a forma negativa de uma *imitação*. O ensino do alemão, de onde parte a formação cultural, deve ser, assim, um exercício físico[267], e em seu diagnóstico da cultura de então, Nietzsche insiste longamente no fato de que o problema da Alemanha é que ela não conseguiu conceber que "o discursar e o escrever <*Reden und Schreiben*> são artes <*Künste*> que não são adquiridas sem a mais cuidadosa orientação <*Anleitung*> e os mais penosos anos de estudo"[268]. Contra uma prática da linguagem que estivesse fundada na falsa ideia de originalidade — termo que Nietzsche caracteriza como a "volúpia da anarquia <*Wollust der Anarchie*>"[269], responsável pelo ridículo das composições escolares — é preciso impor uma rotina silenciosa e árdua de leitura e repetição: o mestre da verdadeira *Bildung* "deveria obrigar incessantemente seus alunos a apresentar mais uma vez e cada vez melhor os mesmos pensamentos (...)".[270] Em seu curso de introdução aos estudos filológicos, em 1871, Nietzsche se detém mais detalhadamente em que tipos de exercícios resultariam desse princípio. Uma ordem crescente de dificuldades deve ser estabelecida nos *Gymnasien*: "deve-se começar pelo começo"[271], que é sempre o principal, a origem — nesse caso, pelo *Clássico* <*Classische*>, Homero e Schiller, Píndaro, e em seguida a tragédia e os oradores e poetas latinos[272]. Quanto ao método de estudo, é desejável que

---

[265] Idem.

[266] *KSA* I, 677.

[267] Cf. *KSA* I, 676: "Enquanto vocês não sentirem em vocês mesmos o desgosto físico por certas palavras e frases de nosso hábito jornalístico, então desistam de aspirar à cultura <*Bildung*>".

[268] *KSA* I, 342. Também aqui a proximidade de Sêneca é reveladora. Em seu curso de 1981-1982 no Collège de France, Michel Foucault dedicou grande número de suas aulas a analisar as práticas espirituais de Sêneca e sua relação com a prática do discurso. Ali, ele reconhece características com as quais as teses de Nietzsche se aliham completamente: a recusa do saber histórico, o uso da linguagem como objeto de autotransformação, a economia entre leitura e escrita etc. Cf. FOUCAULT, M., *L'herméneutique du sujet*, aula de 17 de fevereiro de 1982, pp. 237-275.

[269] *KSA* I, 681.

[270] *Idem*, 676.

[271] *Mus.* II, 358.

[272] *Idem*, 358-359.

os alunos façam sempre fichamentos, anotando menos as passagens que as ideias que elas suscitam e que se podem perder[273]; as compilações de estudos linguísticos podem ser úteis, mas, sobretudo, "reler o mesmo escrito é mais importante que a leitura múltipla e dispersa <*zerstreuende Vielleserei*>"[274].

Mas treinamento regrado não é *apenas* a dimensão negativa da cultura — ele é, também, a própria via de expressão desta, sua *linguagem*, sem a qual ela não pode emergir. A dialética do conceito de autonomia de *Sobre o futuro de nossos estabelecimentos de ensino* é natural, e, portanto, não-intelectual, estética no sentido anunciado por Nietzsche em seu livro anterior sobre a tragédia. Sendo assim, todo o esforço de conversão do negativo em positivo está — e esteve, desde sempre — inscrito *na natureza*. Tal como a linguagem mitológica em *O nascimento da tragédia*, a propedêutica negativa da *Bildung* se orienta como cópia segundo critérios não-conceituais, e é exatamente essa a sua *relativa adequação* ao conteúdo positivo da cultura: ela não opera segundo conceitos ou segundo uma teleologia obtida externamente. A divisa do modelo de Schopenhauer que surge na terceira *Extemporânea*, "Não pergunte, siga-o <o caminho> < *Frage nicht, gehe ihn*>"[275] revela o dispositivo capaz de promover a verdadeira cultura como um mecanismo não-intelectual, como vida mesma. Essa pedagogia mantém com a natureza uma relação análoga à que o discurso mitológico e a representação estabelecem com a origem metafísica nesse período: ela é a duplicação amorosa da origem do mundo, através da qual tudo o que não é essência é, ao mesmo tempo, denunciado como artifício. A disciplina linguística constitui o próprio esforço de *naturalização* da cultura, uma *Zucht* capaz de revelar a essência natural e íntima de cada um dos que se dedicam a ela. As regras do uso da linguagem estão, portanto, inscritas no interior da própria linguagem, na medida em que esta está mais ou menos adequada à natureza dos objetos a que ela se refere. O aspecto disciplinar do discurso é imposto, segundo essa posição, *reflexivamente* — ele só surge como externo no momento em que o indivíduo não conquistou ainda sua própria natureza e que, portanto, é estranho a ela; a partir do momento em que ele resgata a si mesmo, dialeticamente, a lei disciplinar torna-se uma regra dada de forma livre, estética, no sentido de Schiller. À naturalização da disciplina corresponde uma naturalização igualmente estética da linguagem e da *Bildung* em geral. O próprio modo como Nietzsche argumenta o resgate da *Bildung* segundo um *fundamento* linguístico-disciplinar revela, estilisticamente, o sentido dessa renaturalização. O encontro

---

[273] *Idem*, 360.
[274] Idem.
[275] *KSA* I, 340.

de leis capazes de fornecer o modelo da verdadeira formação cultural assume a direção de uma pesquisa natural, o que se denuncia através do termo com o qual se qualifica essas leis, *Grundsätze*. Como aponta Adrian Del Caro, ainda que Nietzsche pudesse ter utilizado alternativas etimológicas provenientes do grego e do latim, a insistência com que o radical *Grund* se repete determina a dinâmica segundo a qual essas leis devem reconduzir o homem ao seu solo natural, afastando-o das práticas que se incorporaram ao seu mundo apenas pela força heterônoma do hábito contingente.

> Aquilo com que alguém acaba por se acostumar ou que adota como hábito baseado na fé em detrimento dos fundamentos <*grounds*> não pode, por definição, ser fundamentado <*grounded*>, seja ou não um princípio. Baseado nesse exemplo, viver com fundamento ou razões <reasons> é viver com fundação <*foundation*>, com base e apoio. Viver sem fundamento é simplesmente adquirir hábitos, viver através da fé, viver sem fundamento <*groundlessly*>.[276]

A *Zucht* linguística pode, segundo essa lógica, se dar como a via de acesso à renaturalização do homem, ao reecontro de sua unidade interior dilacerada pelo rigorismo kantiano e pelos artifícios da história: diante da cultura,

> a tarefa do filósofo é a de traduzir o humano de volta à natureza, comandar as interpretações e conotações que estavam inscritas no eterno Grundtext homo natura, fazê-lo de tal modo que os humanos se coloquem diante de sua própria natureza assim como eles se colocam diante de todo o resto da natureza, intrepidamente, não seduzidos pelos galanteios da metafísica.[277]

No contexto da primeira filosofia da cultura de Nietzsche, a natureza é o próprio critério de legitimidade da pedagogia e suas instituições — pelos mesmos motivos que ela funcionava como critério para a linguagem e para a

[276] DEL CARO, A. "*Nietzsche's Rhetoric on the Grounds of Philology and Hermeneutics" in Philosophy and Rhetoric*, Vol. 37, p. 102.

[277] *Idem*, p. 118. Embora mais suscintos nas conferências, todos os princípios práticos de exercício da linguagem têm a mesma função que os que aparecem nos cursos de filologia: revelar a natureza *na* língua alemã — e a natureza *da* língua alemã.

arte, em geral, em *O nascimento da tragédia*. Ela é o signo inscrito no interior do verdadeiro homem culto, e as conferências solicitam constantemente essa imagem: a miséria dos estabelecimentos de ensino de sua época se deve, em grande parte, à penetração nos meios acadêmicos daqueles que não carregam essa marca, dos que não têm vocação — ou, simplesmente, os "desautorizados <ou, mais literalmente, os não-chamados *Unberufen*>"[278] e os "não-iniciados <*Uneingeweihten*>"[279]. Do mesmo modo, se o ensino histórico-erudito deve ser banido das instituições de ensino é porque lhe falta esse signo, ou antes, ele é a perpetuação de um falso signo, na medida em que inocula nos jovens uma compreensão redutora e artificial do espírito alemão. Ele dilui a lei interna e livre desse espírito na heteronomia da história: a língua-mãe, adquirida por um hábito que não obedecia nenhuma disciplina, aparece, assim, como morta[280], e nele, o gênio submete sua singularidade universal a um *Weltprozess*, ao movimento arbitrário da ordem do mundo[281].

Uma educação universal para Nietzsche não deve ser confundida com uma educação para todos — para que sua posição a respeito disso se mostre suficientemente clara, basta lermos as passagens das conferências que insistem em um sistema pedagógico voltado para poucos[282]: ela é uma educação *para o universal*, para aquilo que resiste à história e seu processo como núcleo rígido, natural. A disciplina é a linguagem própria dessa natureza: sem ela, estamos surdos para nós mesmos — e é essa a origem mais remota de um tema que recebrá no pensamento de Nietzsche futuros e diferentes desenvolvimentos — o da filosofia como *auscultação*. Aqui, a voz do velho filósofo instaura sua palavra de ordem: "Mas precisamente aqui se precisa saber ouvir corretamente"[283]. As tradições linguísticas, artísticas e militares convergem na *Bildung* definida por Nietzsche nesse período sob esse aspecto, elas se atualizam nessa tarefa auricular. O *ethos* linguístico do luteranismo nos ensina que nossa autonomia deriva de uma relação com a língua e com o exercício sobre ela. A estética de Schiller nos fornece a *economia* dessa liberdade, inscrevendo-a na natureza e desonerando-a de todo constrangimento, tornando-a reflexiva. Por fim, a *Zucht* nos diz que tipo de mecânica lhe é própria. Somente a partir dessas três prerrogativas, tomadas em conjunto, é que se poderá ouvir "a floresta e a pedra,

---

[278] *KSA* I, 697.
[279] *KSA* I, 701.
[280] *KSA* I, 677.
[281] Cf. a crítica da ideia de *Weltprozess* na segunda *extemporânea* (*KSA* I, 312).
[282] Cf., por exemplo, *KSA* I, 700: "O acesso a essas iluminações <Erleuchtungen> nunca estará aberto para muitos".
[283] *KSA* I, 698.

a tempestade, o abutre, a flor solitária, a borboleta, a pradaria, as encostas das montanhas falarem suas línguas <*Zungen*> próprias"[284].

Mas é preciso lemrar que o exercício da disciplina, pelo que faz surgir — ou pelo que dá a ouvir — opõe-se, fundamentalmente, a qualquer tipo de ascetismo. É verdade que há no ímpeto inicial para a autonomia um exercício que lembra a ascese estoica, sobretudo quando Nietzsche se refere à moralidade de Schopenhauer, especialmente na terceira *Extemporânea*: a "jovem alma" deve se dedicar à escuta de sua história íntima, à avaliação de seus gestos e suas consequências. E, em seguida: "Coloque diante de si a série desses objetos adorados, e talvez eles te revelem, através de seu ser <*Wesen*> e sua continuidade, uma lei, uma lei fundamental de teu próprio eu"[285]. Recentemente, alguns comentadores de Nietzsche, observando a importância da relação entre disciplina e natureza, chegaram a reconsiderar a crítica do ascetismo desenvolvida em sua obra sob a luz de um outro tipo de exercício ascético, que poderia ser entendido como um "ascetismo positivo" ou "natural"[286]. É inegável que a prática ascética, tanto quanto as escatologias que a sustentaram, tradicionalmente foram encontradas onde quer que houvesse a convergência entre cultura, formação do indivíduo e natureza — tanto em um nível diretamente institucional quanto moral[287]. Seja como for, essas discussões mais recentes frequentemente ultrapassam o recorte histórico feito aqui, definido pela ideologia dos primeiros anos de Basileia, e o que importa ressaltar é o fato de que a disciplina de *Sobre o futuro* obedece a uma escatologia estética e impede qualquer interpretação moralizante-religiosa. Ao invés disso, o que a *Bildung* deve refletir é uma moral enquanto estética, da qual Schopenhauer surge como representante.

O ascetismo, como lei heterônoma, derivada de uma moral rigorista ou religiosa, excludente do que é natural, físico, afetivo, é primordialmente castrante, e nas conferências, a breve referência que Nietzsche faz a ele carrega exatamente esse peso. Lado a lado, são condenadas nos homens, como sinônimas, a "fuga de si mesmo" e a "mortificação ascética de seu impulso para a cultura <*asketische Ertödttung ihres Bildungstriebs*>"[288], abrindo caminho para um tema que encontraria sua posição mais extrema, anos mais tarde, em

[284] *KSA* I, 716.

[285] *KSA* I, 340.

[286] ROBERTS, T. T., *loc. cit.*, pp. 407-408. Roberts parece estar equivocado ao desenvolver o argumento de que a *Zucht* de Nietzsche tem, essencialmente, um objetivo epistemológico, e a investe, por isso, com uma ideia de "espiritualização" muito distante daquela que as conferências, por exemplo, parecem defender (Cf. pp. 419-420).

[287] ROBERTS, T. T., *loc. cit.*, p. 415.

[288] *KSA* I, 747.

um projeto completamente distinto do das conferências, o da *Genealogia da moral*[289]. Foi segundo esse mesmo princípio que os deuses olímpicos, como a presentificação viva da cultura mesma dos gregos, já haviam aparecido em *O nascimento da tragédia* em oposição à religiosidade e à moralidade modernas: "Aqui, nada lembra ascese, espiritualidade e obrigação: aqui nos fala apenas uma opulenta e certamente triunfante existência"[290]. Há, sobretudo, uma diferença teleológica, que se deixa perceber também como difereça de procedimento, entre o santo e o artista; se naquele a ideia de *sacrifício* acentuava a distância entre ele e a natureza, tornando a conquista de si mesmo uma lei externa, para o artista tudo se dá a partir de uma ordem absolutamente natural, e, portanto, como *obra de arte* — a escuta de si exige não o sacrifício, mas a temperança, *Heiterkeit*, índice do modo próprio de ser da essência artística-genial[291]. É com esse adjetivo, que surge inicialmente no livro sobre a tragédia e tem nesse instante a função de caracterizar a disposição geral do espírito grego[292], que Nietzsche define Schopenhauer[293] e Wagner[294]. A militarização estética do luteranismo substituiu, portanto, o santo contemplativo pelo santo guerreiro — e faz de sua existência uma obra de arte, ou, antes, um *Gesamtkunstwerk*.

II. Por um Estado romântico

O germanismo que Nietzsche sustenta em seu período romântico greco-wagneriano — que não deve ser confundido com o pan-germanismo que o seguiu, embora mantenha fronteiras muitas vezes obscuras com este — instaura um equilíbrio entre *Bildung* e *Kultur* segundo o qual toda individualidade deve dar lugar — no sentido de tornar possível — à própria superação dessa individualidade. Por paradoxal que seja, o combate estético do que Nietzsche

---

289 Cf. a terceira dissertação, sobre "o que significam ideais ascéticos", *KSA* V, 339-412.

290 *KSA* I, 34-35.

291 Sobra a tradução desse termo para o português, cf. a nota número 2 de Jacob Guinsburg em sua tradução brasileira de *O nascimento da tragédia*, p. 145. Considero a opção de Guinsburg, "serenojovialidade", estilisticamente dissonante, tanto com relação ao texto sobre o trágico quanto, mais ainda, no caso das *Extemporâneas*; e, ainda que fiel ao seu significado, trai sua intenção retórico-estilística — aqui absolutamente importante.

292 Por exemplo, *KSA* I, 35, 65 e ss., 78 e 101.

293 *KSA* I, 348 e ss.

294 *KSA* VII, 759. Na quarta *Extemporânea*, Nietzsche utiliza a expressão "deutsche Heiterkeit" para se referir a Lutero, Beethoven e Wagner (Cf. *KSA* I, 480). Nos escritos preparatórios para esse texto, afirma-se ainda que a obra de Wagner encontra a "temperança luterana alemã <deutsche lutherisch Heiterkeit>" (*KSA* VIII, 253).

considerava como os efeitos nocivos do hegelianismo na cultura depende, portanto, de uma dimensão dialética que, em certa medida, faz apelo à ideia de reconciliação no absoluto. É claro que a dinâmica desse movimento comporta elementos distintos daqueles pretendidos por Hegel, especialmente porque, no caso das teses defendidas em *Sobre o futuro de nossos estabelecimentos de ensino*, a figura que incorpora o universal, o *Volksgeist*, está em posição diretamente oposta a toda forma de *institucionalização*, seja ela orgânica ou mesmo, como pretendiam os primeiros românticos, poética[295]. A *Bildung*, como processo individual, adquire seu verdadeiro sentido quando resulta em um nível social, quando faz surgir nesse nível a origem impessoal da verdadeira *Kultur*. Em última análise, o fim da *Bildung* é o de introduzir no sujeito uma dimensão que o ultrapassa, mas através da qual ele não é destruído, mas mantido em uma espécie de preservação apolínea do conteúdo primordial, dionisíaco. É evidente que se trata aqui do modelo do gênio romântico, de Schopenhauer e Wagner, daquele cujo grau último de individualidade coincide, naturalmente, com a expressão máxima da universalidade do espírito — e, portanto, é sempre *extemporâneo*, o nível social da cultura encontra nele sua expressão e seu *telos*. Operando uma separação definitiva entre o gênio e as instituições de seu tempo, entre o espírito e o Estado, a única função que cabe a este último é a de, no máximo, ser um favorecedor externo e negativo da cultura.

A discussão em torno do Estado e seus limites obedece a uma economia absolutamente singular no contexto mais amplo do projeto de resgate da cultura no pensamento de Nietzsche nesse período. Diferentemente do que acontece quando se aborda as dimensões não institucionalizadas da *Bildung*, como é o caso, por exemplo, da linguagem, quando esta é considerada de uma perspectiva ética, ao avaliar a relação entre poder estatal e cultura já não será possível o retorno a nenhum tipo de origem metafísica capaz de legitimar sua permanência na nova ordem artística. Isso não quer dizer que Nietzsche não tenha reconhecido essa origem: o fracasso do modelo de Estado moderno se deixa revelar especialmente quando contraposto ao dos gregos. Para estes últimos, a força estatal superava sua forma institucional em seu interior mesmo, ela era a extensão dos instintos do povo, ou antes, da expressão de uma confluência entre instinto e cultura. A terceira conferência assume um tom nostálgico quando fala dessas "antigas disposições", da "onipotência do Estado" que tinha como fim <*Zweck*> da existência humana preservar nos

[295] Cf. BEISER, F., "Romantic aesthetic and politics" *in* BEISER, F. (ed.), *The early political writings of the German Romantics*, pp. XIII-XIV.

jovens os sentimentos dos "instintos e da educação *<Instinkte und Erziehung>*"[296]. A origem do Estado helênico não reside no parlamento ou nas frias discussões das cátedras universitárias — ela mesma é *natural*, e parte de um modelo bélico, dinâmico, cuja figura se resume não na majestade do monarca, mas na *Zucht* do soldado e sua dinastia. Em um dos prefácios escritos como presente a Cosima em 1872, uma comparação entre antigos e modernos nos oferece exatamente esse quadro:

> Quem considera a guerra e sua uniforme possibilidade *<uniformirte Möglichkeit>* em relação com a essência *<Wesen>* do Estado tal como descrevi até agora, deve chegar à compreensão *<Einsicht>* que atrvés da guerra e dos corpos de soldados *<Soldatensstande>* é que se formou para nós um modelo *<Abbild>*, ou talvez a imagem original do Estado *<das Urbild des Staates>*.[297]

Mas a nostalgia dessa concepção espartana não encontra, em nenhum lugar nas propostas pedagógicas de Nietzsche, uma compensação. Um estilo melancólico, que hesita entre a reticência e o inconformismo, penetra as passagens do texto em que se trata do Estado alemão. Isso porque ele parece ter sido, historicamente, sempre alheio ao verdadeiro espírito germânico, como se o caráter da política helência, diferentemente de outras dimensões do espírito grego universal, não pudesse tocar o *Volksgeist* ao qual Nietzsche se dirigia. No que se refere, assim, ao Estado, "seu passado é tão ignóbil *<smachvoll>* quanto seu presente: pelo que basta que se pense na maneira e no modo *<Art und Weise>* com que a memória de nossos maiores poetas e artistas é festejada nas mais importantes cidades (...)".[298] Por ressentir-se da falta de um Lutero, de um Goethe, de uma figura originária qualquer que resgatasse o caráter espartano da política, a Alemanha fundou-se, aos olhos de Nietzsche, na distância entre o espírito e a instituição do Estado. Para ela — ou, antes, para ele, Nietzsche — o Estado será sempre o artifício, e a política, a artimanha. Já o governo oficial parece reunir sob sua forma tudo o que é alheio a esse espírito. Ao invés da universalidade, o que ele carrega consigo é a heteronomia, o particularismo, a insistência em uma individualidade egoísta, guiada por interesses pessoais. Signo, portanto, de uma cultura de dependência, o Estado moderno incentiva

[296] *KSA* I, 708.
[297] *KSA* I, 775.
[298] *KSA* I, 709.

tudo aquilo que é privado e, ao mesmo tempo, pode sustentar seu poder autofágico. É ele, em última análise, que substitui, ao interferir na organização interna dos *Gymnasien* e universidades, o exercício disciplinar da língua pela prática desregrada da "personalidade livre <*freien Persönlichkeit*>", que nada mais é que a "marca distintiva do barbarismo <*Kennenzeichen der Barbarei*>"[299].

A rejeição do Estado nos escritos dos primeiros anos de professorado de Nietzsche obedece a uma ideologia muito diferente daquela que surgirá em seus textos mais tardios. Ao dirigir-se a uma casta de eruditos onde ele acreditava encontrar os poucos que promoveriam o resgate da cultura alemã, sua discussão se travou, inescapavelmente, com as tradições teóricas que deram lugar à organização física e à disposição mental das instituições de cultura da época, onde vinha se alojar essa casta. Essa discussão foi, em geral, enviesada e equívoca, especialmente no caso da mais relevante de todas essas teorias, a do neo-humanismo, representada por Wilhelm von Humboldt, no começo do século XIX. Isso porque as formulações filosóficas que funcionavam no fundo das consequências pragmáticas que, a partir dela, efetivamente, tiveram lugar nos estabelecimentos de ensino e, mais amplamente, na administração das ciências, acabaram por se desenvolver segundo princípios que lhe eram externos e que modificaram sua economia própria. É assim que Nietzsche poderá solicitar certas características gerais das teses de Humboldt, especialmente sua atitude em relação ao Estado e sua definição positiva de liberdade como condição para a *Bildung*, para se posicionar *contra* o destino do neo-humanismo e sua leitura governamental. É verdade que a filosofia da cultura representada pelas conferências de 1872 não é diretamente devedora da filosofia política humboldtiana. Antes, a figura de Humboldt aparece raramente na obra de Nietzsche — tanto naquela publicada por ele quanto nos fragmentos póstumos — e, até onde se tem registro, somente após 1876, e sempre negativamente. Das cartas de sua autoria que chegaram até nós, nenhuma delas cita seu nome. Mas, ao denunciar a falsidade de seu Classicismo[300], nas raras passagens que conhecemos, ele se detém em um ponto relativamente alheio à sua filosofia política. A crítica de Nietzsche a Humboldt e ao neo-humanismo, ou simplesmente Humanismo, como ele se refere em seus textos, parece ter se detido muito mais na maneira como ambos, segundo essa crítica, definiram os gregos em função de uma racionalidade mítica, compatível com

[299] *KSA* I, 681. Cf., também, *KSA* I, 683, onde a livre personalidade aparece como sinônimo de "barbarismo e anarquia <*Barbarei und Anarchie*>".

[300] Cf. *KSA* IX, 410 e a passagem de *Aurora* em *KSA* III, 163.

a "união do Humanismo com o racionalismo religioso".[301] Uma definição como essa, antítese da mitologia dionisíaca e da *Heiterkeit* helênica retratadas em *O nascimento da tragédia* e nos textos próximos, alinha Humboldt a Kant naquilo para o qual ambos pareciam cegos: a irracionalidade absoluta da origem grega. Um fragmento de 1875 aponta esse alinhamento:

> É verdade que o Humanismo e a Aufklärung levaram a Antiguidade, como aliada, para seu campo: é, portanto, natural que o adversário do Humanismo hostilize a Antiguidade <*das Alterthum anfeinden*>. Mas a Antiguidade do Humanismo era uma <Antiguidade> mal identificada <*eine schlecht erkanntes*> e completamente falsificada: vista de forma mais clara, é um argumento <*Beweis*> contra o Humanismo, contra Natureza-Homem fundamentalmente boa <*die grundgütige Menschen-Natur*> etc. O combatente contra o Humanismo está errado quando combate contra a Antiguidade: ele tem aí um forte aliado.[302]

Humboldt, portanto, não é nem o alvo nem o aliado da filosofia da cultura de Nietzsche — no limiar da transformação dessa filosofia em silêncio, um fragmento de 1888 reconhece nele um epíteto que resumiria a atitude final do último em relação ao primeiro: "Wilhelm von Humboldt, o nobre cabeça-oca <*der edle Flachkopf*>"[303]. Mas essa desatenção irônica não pode esconder a função importante, embora indireta, que a teoria política humboldtiana assume no panorama social no momento em que Nietzzsche elabora seu projeto de resgate da *Bildung* alemã. Pois o fato de que foi justamente essa política que forneceu as linhas fundamentais do debate sobre o Estado e a *Kultur* ao longo de todo o século XIX revela o quanto sua comparação com as conferências de Basileia pode esclarecer sobre a posição de Nietzsche diante da ordem institucional legitimada pelo poder soberano — e sobre a rejeição do poder positivo do Estado que elas articulam.

O fato de que a figura de Humboldt tenha se associado, no imaginário alemão, a transformações institucionais efetuadas no começo do século XIX se deve, em grande parte, à maneira como suas ideias parecem ter sintetizado, emblematicamente, o novo quadro político da cultura alemã a partir de então.

---

[301] *KSA* VIII, 49-50.
[302] *KSA* VIII, 58.
[303] *KSA* XIII, 506.

Desde a última década do século anterior, a Alemanha vinha sendo submetida à desorganização e às restrições de liberdade civil de um Estado cada vez mais centralizado. A relativa tolerância e o visível desenvolvimento intelectual do reinado de Frederico II na Prússia — Frederico, o Grande, como a posteridade registraria — deram lugar, com sua morte, a uma época extremamente reativa nesse sentido. Tanto é que seu sucessor, Frederico Gulherme II, instituiu um governo onde as províncias tinham pouco poder legislativo, dando origem a um Estado que controlava todos os aspectos da vida pública. Isso acabou por destruir o projeto de um Estado esclarecido e cosmopolita, dando lugar à "arbitariedade de estranhos príncipes-tiranos"[304], da qual, por exemplo, Kant, em 1794, havia sido uma das vítimas, quando seu escrito sobre a *Religião nos limites da simples razão* fora condenado pela censura de então[305]. Em pouco tempo, a Prússia, como potência mais representativa, ao lado da Áustria, dos Estados alemães, encontrou seu isolamento diplomático e sucessivas derrotas militares.

É contra essa paisagem social que Humboldt se coloca, ainda em 1814, quando, na qualidade de embaixador da Prússia em Viena, redige, em francês, um relatório que tem em vista a consolidação de uma Constituição unificada para os Estados alemães. No centro de sua proposta, encontramos o que poderímos chamar de *diretrizes gerais* da política neo-humanista em relação aos limites do Estado e às quais o nome de Humboldt ficou historicamente vinculado. Nelas, trata-se, antes de mais nada,

> de pôr, desde o presente, um termo às medidas arbitrárias que alguns príncipes da Alemanha se permitem contra seus súditos, e em particular contra antigos Estados aliados, mediados por príncipes e condes;
> de determinar os direitos pessoais <*les droits personnels*> de que devem desfrutar todos os alemães, assim como os seus mediadores (...)".[306]

---

[304] HOLBORN, H., A history of modern Germany, 1680-1840, p. 306.

[305] Uma retrospectiva desses acontecimentos e a resposta à censura é finalmente possível quando, em 1798, agora sob o governo de Frederico Guilherme III, Kant traz à público seu *Conflito das faculdades*, cujo prefácio narra, não sem certa ironia, seu desentendimento com o Estado (cf. Ak VII, 5-11). Uma avaliação histórica do edito que resultou nessa censura, de autoria do ministro Wöllner, é feita em FORD, G. S., "Wöllner and the Prussian Religious Edict of 1788" *in The American Historical Review*, Vol. 15, No. 2 (parte I) e No. 3 (parte II).

[306] HUMBOLDT, W. von, "Mémoir préparatoire pour les conférences des cabinets alliés sur les Affaires de l'Allemagne" *in Gesammelte Schriften*, Bd. XI, pp. 204-205.

Essa nova e emergente reformulação do papel do Estado na sociedade tinha como horizonte a crise política que havia acabado por submeter a Alemanha ao poder da França, após a invasão de Napoleão e a derrota da batalha de Jena em 1806[307]. Para enfrentar essa crise e resgatar a imagem dos Estados alemães diante da comunidade europeia, Frederico Gulherme III tentava, desde sua subida ao trono em 1797, implementar uma política interna mais sólida e descentralizada, retomando os ideais de Frederico, o Grande, como emblema de seu governo e acompanhando, de tão perto quanto possível, o destino do modelo administrativo francês, que havia sido recebido com simpatia por seus súditos. Uma série de medidas avançaram no sentido de modernizar o Estado prussiano — o que logo resultou em uma ampla aderência a esses princípios na maioria dos outros governos alemães. Ao mesmo tempo em que um esforço foi empreendido na tentativa de redimensionar a relação do poder estatal com os direitos individuais dos cidadãos, foi necessário assegurar à sociedade que tais mudanças eram possíveis através da reconstrução da identidade e da unidade há muito tempo perdidas nas guerras internas e externas. Foram Karl Freiherr vom und zum Stein e, em menor medida e com menor envolvimento com o *Kulturkreis*, Karl August von Hardenberg que, apesar dos conflitos com Frederico Guilherme III, operaram, enquanto ministros da Prússia na primeira década do século XIX, importantes reformas na burocracia do Estado, acreditando que a identidade a que se almejava só seria possível segundo uma modernização da cultura e das instituições que a representavam.[308] O critério que eles haviam aplicado à reorganização das comunidades urbanas, o da auto-regulamentação e da relativa independência legislativa do governo central, deveria servir, também, de princípio de reformulação das universidades e estabelecimentos de ensino a partir de então. Sob essa atmosfera, a fundação da Universidade de Berlim surgiu como o modelo objeto do novo Estado — e Humboldt, como o criador desse modelo. É certamente um equívoco considerar que as mudaças administrativas foram capazes de superar as dificuldades políticas que colocavam em disputa os direitos individuais e a burocracia estatal. De fato, a afirmação do historiador hegeliano von Treitschke, contemporâneo de Nietzsche, que "príncipe e povo se uniram como uma grande família"[309], revela menos sobre a realidade do que sobre a mitificação que seus escritos empreendem a partir da ideia de

[307] Cf. HOLBORN, *op. cit.*, pp. 386-395.

[308] *Idem*, pp. 395-408. Cf. também a análise, nem sempre tào precisa e nada imparcial, de Heirich von Treitschke (TREITSCHKE, H. von, *History of Germany in the nineteenth century*, pp. 31-58).

[309] TREITSCHKE, H. von, *op. cit.*, p. 32.

sociedade pré-industrializada da primeira metade do século XIX. Tal é o caso também dos escritos de Nietzsche, que se dirigem, contudo, a um propósito diferente. Alguns historiadores chegam a afirmar que "nos territórios de língua alemã, a realização da sociedade civil parecia ainda um projeto utópico por volta de 1830"[310]. De todo modo, rupturas profundas certamente tiveram lugar nesse sentido, e, ainda mais relevantes no que se refere aos sistemas filosóficos e ideológicos que lhes sustentaram e que teriam um longo destino em todo o Romantismo.

Seria metodologicamente impossível — e, nesse caso, mesmo inútil — tentar determinar em que sentido, de fato, se deu a gênese dessa síntese, ou seja, se ela foi favorecida pela filosofia política de Humboldt ou se essa última só foi possível por causa da nova configuração social da Alemanha. De um ou de outro modo, a convergência das duas encontrou ampla penetração na reflexão sobre a cultura ao longo de todo o século XIX. Não seria exagero afirmar que a importância das transformações insitucionais que se deram segundo as propostas humboldtianas, tanto quanto a do conceito de *Bildung* que elas articulavam, só foi alcançada devido ao redimensionamento do poder estatal que elas exigiam, pouco importando a amplitude desse empreendimento na prática. As reformulações neo-humanistas responderam, portanto, aos anseios de um *Kulturkreis* ocupado em encontrar um critério de unidade nacional, mas que, devido ao entusiasmo jacobino com a Revolução Francesa, procurou, em maior ou menor grau, afastar esse critério do âmbito do poder oficial. O fato dessa unidade, no entanto, só ter sido realmente possível através da intervenção direta e inequívoca desse poder, através da força política e militar de Bismarck na reunificação de 1871, aos poucos, parece ter, após essa data, promovido um esboroamento das teses políticas de Humboldt, que encontraram seu lugar, então, no círculo mais restrito dos eruditos que se opunham à modernização do Estado alemão, onde Nietzsche se incluía exemplarmente. A crítica neo-humanista do utilitarismo estatal poderia, portanto, parecer visionária aos olhos daqueles que exigiam o retorno a uma *Bildung* aristocrática, anti-industrialista, anti-progressista, e passou a servir-lhes de palavra de ordem, ainda que, como é o caso de Nietzsche, a referência a Humboldt não intermedeie, diretamente, essa apropriação.

Não parece ter sido tanto a prática política de Humboldt, mas especificamente sua teoria que encontrou espaço nos meios aristocráticos de eruditos da segunda metade do século XIX. Isso se explica pelo fato de que

---

310 DAUM, A. W., *loc. cit.*, p. 108.

nem sempre o destino de suas teses foi *realizado* de forma coerente com suas teorias[311]. Através dos diversos postos oficiais que Humboldt ocupou no Império alemão[312], fazer valer uma reforma limitadora da ação do Estado, tal como defendida em seus escritos de juventude, parece ter se demonstrado, em muitos momentos, uma tarefa paradoxal. O destino político do neo-humanismo, portanto, teve de se conformar às forças externas à cultura e aos obstáculos impostos por uma burocracia oficial cada vez mais enraizada nas instituições públicas. Nesse sentido, a reação do meio social de Nietzsche contra esse destino parece ter sido um retorno e uma radicalização daquilo que o próprio neo-humanismo não pôde cumprir, mas que havia anteriormente formulado.

Em 1792, Humboldt escreveu um de seus mais radicais textos sobre os limites do poder governamental, as *Ideias para uma tentativa de determinar os limites da ação do Estado <Ideen zu einem Versuch, die Gränzen der Wirksamkeit des Staats zu bestimmen>* — que propunha a tal ponto o estreitamento do raio de ação desse poder que só veio a ser publicado postumamente, em 1851.[313] É verdade que o livro, logo após essa data, tornou-se "parte do cânone do pensamento liberal alemão"[314], como afirma Paul R. Sweet, mas deve-se ter em vista que também se apropriaram dele representantes de tendências políticas muito diversas, como é o caso de von Treitschke, que havia se identificado, inicialmente, com as propostas liberais do começo do século, mas que "liderou a marcha do liberalismo para o nacionalismo"[315], substituindo a liberdade individualista humboldtiana

311 Ao contrário do que pretende sustentar David Sorkin em seu artigo "Wilhelm Von Humboldt: The Theory and Practice of Self-Formation (Bildung), 1791-1810", especialmente pp. 63 e ss.

312 Humboldt havia sido diretor da seção de cultura e ensino do Ministério do Interior da Prússia em 1809, ministro de Estado e embaixador em Viena, em 1810, representante da Prússia no Congresso de Praga de 1813, duas vezes delegado da comissão prussiana de questões territoriais, embaixador na Inglaterra em 1817, ministro das questões corporativas <Ständische Angelegenheiten> em 1819, presidente da comissão de regulamentação dos museus estatais em 1829 e integrante do Conselho do Estado em 1830 (Cf. a cronologia de BERGLAR, P., *Wilhelm von Humbolt*, pp. 158-161).

313 O próprio Humboldt parece indicar, sutilmente, no texto a dificuldade inerente da implementação de suas propostas: "Existem também ideias que o sábio não deveria procurar realizar <auszuführen>. De fato, a realidade não está nunca, em nenhum tempo, madura <rief> o suficiente para o mais belo e amadurecido fruto do espírito" (HUMBOLDT, W. von, "Ideen zu einen Versuch, die Gränzen der Wirksamkeit des Staats zu bestimmen" *in Gesammelte Werke*, Bd. 7, p. 177).

314 SWEET. P. R. "Young Wilhelm Von Humboldt's Writings (1789-93) Reconsidered" *in Journal of the History of Ideas,* Vol. 34, No. 3, p. 470.

315 KOHN, H., "Treitschke: National Prophet" *in The Review of Politics,* Vol. 7, No. 4, p. 420. No momento em que esteve mais distante de seus ideais dos anos de professorado, em *Ecce*

pelo culto mitológico Bismarckiano. Isso se explica pelo fato de que o idealismo de Humboldt foi elaborado em um momento em que a busca de uma identidade nacional se tornou a questão política mais urgente — tendo ele mesmo sido uma espécie de resposta a essa busca, pôde reunir em torno de si todos aqueles que fizeram da ideia de nação o avatar de suas propostas de reforma social, incluindo aí os líderes de um movimento operário organizado a partir de 1830, os representantes da classe média industrializada emergente na segunda metade do século e a aristocracia do *Bildungsbürgenthum* que incluía a círculo erudito de Basileia. O elogio dos reformadores liberais erguido na *História da Alemanha no século XIX* de von Treitschke não é, segundo essa economia, contraditório com seu repúdio irredutível da democracia.

Operando uma distinção entre a relação antiga e a moderna entre indivíduo e Estado, influenciada por Schiller, e especialmente palatável ao romantismo de Nietzsche, o texto inverte o fundamento do poder estatal, o equilíbrio entre liberdade pessoal e desenvolvimento social, tal como aparecia nas teorias contratualistas clássicas de tipo hobbesiano. O que os gregos nos ensinam é precisamente essa inversão: ao invés de uma natureza individual que encontra seus limites na força representativa do Estado, uma reforma da política, capaz de fornecer um critério de unidade eficiente ao povo, deve dispor essa natureza como objetivo último, e condicionar a representatividade do Estado e seus bens coletivos a ela: "Os antigos se ocupavam com a força e a cultura <Kraft und Bildung> dos homens enquanto homens, os modernos <Neueren>, com seu conforto, posses e prosperidade"[316].

Essa inversão constitui a ruptura com um modelo filosófico que havia se consolidado de modo particularmente eficiente na teoria política alemã do final do século XVIII, em especial pelo modo como a *Aufklärung* reinterpretou o contratualismo de Hobbes e Rousseau. A reformulação requerida pelas *Ideias* de Humboldt funcionava, ao mesmo tempo, como uma resposta a essa longa tradição e como uma reação contra a metodologia negativa do Esclarecimento, em especial, daquela derivada do rigorismo kantiano.

Homo, Nietzsche referiu-se a von Treitschke rapidamente, mas com uma ironia que revelava sua desaprovação, especialmente em relação à suposta profundidade que lhe atribuíam (Cf. *KSA* VI, 359 e 361).

[316] *Idem*, p. 6.

Assim, se o conceito de liberdade de Hobbes é negativo, é porque ele se funda segundo as exigências de um Estado soberano, duplo da natureza bélica do próprio homem que, sem precisar se tornar real, ameaça a todos com sua virtualidade: "É assim que, na natureza do homem, encontramos as três principais causas da discórdia. Primeiro, competição; segundo, desconfiaça; terceiro, glória"[317]. Por isso, essa natureza precisa, por meio de um artifício, tornar-se impessoal, afim de submeter todos ao regime comum de uma guerra sem rosto, aos desmandos de uma individualidade esvaziada da pessoalidade.[318] Tal formulação do fundamento do Estado como artifício derivado da tendência desagregadora da natureza humana resiste ainda no centro da ideia kantiana de contrato, onde o direito <Recht> que deriva dele "é apenas um direito pessoal, propriamente *contra* uma pessoa física *determinada* *<gegein eine bestimmte physische Person>* (...)"[319] e a "sociável insociabilidade dos homens *<ungesellige geselligket der Menschen>*"[320] funciona como princípio cosmopolita de uma unidade que se sustenta, ainda, e por isso mesmo, negativamente.

A liberdade neo-humanista de Humboldt se pretende o oposto desse modelo: somente a positividade da liberdade individual pode fornecer os

---

[317] HOBBES, Th., *Leviathan*, p. 88 (parte1, cap. XIII)..Cf., igualmente, FOUCAULT, M. *Em defesa da sociedade*, pp. 106-107: "Portanto, vê-se bem por que e como esse estado — que não é a batalha, o enfrentamento direto das forças, mas certo estado dos jogos das representações umas contra as outras — não é uma fase que o homem abandonaria definitivamente no dia em que nascesse o Estado; trata-se, de fato, de uma espécie de pano de fundo permanente que há de funcionar, com suas astúcias elaboradas, com seus cálculos mesclados, assim que algo não dê a segurança, não fixe a diferença e não coloque a força, enfim, de um certo lado. Portanto, não há guerra no início, em Hobbes". Essa passagem é retirada de uma longa análise que Foucault faz da relação do Estado com o indíviduo em seu curso do Collège de France em 1975-1976, pp. 102-115. É claro que ela, por se deter nos processos dinâmicos da teoria de Hobbes abre mão das considerações desse a respeito da natureza do homem que justificaria, em última análise, as representações a que Foucault se refere.

[318] FOUCAULT, M., *op. cit.*, p. 108: "Quando o soberano é um monarca naturalmente individual, isso não o impede de ser fabricado como soberano; e, quando se trata de uma assembléia — embora se trate de um grupo de indivíduos —, não deixa de se tratar de uma individualidade". O individual em Hobbes parece ser o único signo do natural, contrapondo-se, assim, e por esse motivo, a toda forma de convivência. Cf. ainda, sobre esse ponto, MANENT, P. *Naissances de la politique moderne — Machiavel/ Hobbes/ Rousseau*, pp. 52-59.

[319] KANT, I. *Metaphysik der Sitten*, Ak VI, 274 (§20), o primeiro grifo é meu. Essa passagem é citada também por CAYGILL, H., *Dicionário Kant*, verbete "contrato".

[320] KANT. I., *Ideen zu einer allgemeinen Geschichte in weltbürgerlicher Absicht*, Ak VIII, 20 (quarta proposição).

critérios para a ação do Estado. Este, por sua vez, é externo ao homem não porque duplica artificialmente sua natureza, mas, antes, é externo e artificial porque é uma *construção* paliativa a partir da necessidade de se corrigir uma *anomalia* da natureza humana. Contra Hobbes e, particularmente contra a *Aufklärung* de Kant, Humboldt define a natureza social do homem a partir de sua tendência gregária[321]. O *Leviatã* apresentava a guerra silenciosa à espreita na alma dos homens: "os homens não têm nenhum prazer (mas, pelo contrário, uma grande parte de desgosto <*grief*>) em manter companhia"[322]. As *Ideias*, quase um século e meio depois, acusam a falsidade dessa tese: "os homens se unem uns aos outros não por causa de uma idiossincrasia <ou uma *característica* especial, Eigenthümlichkeit>, mas para apagar o isolamento excludente; a união <*Verbindung*> não deve transformar um ser <*Wesen*> em outro, mas como que abrir o caminho de um a outro"[323]. É claro que o mal existe no coração dos homens; mas quando ele surge no texto de 1792 é sempre segundo um léxico que assinala sua anormalidade, sua exterioridade em relação ao que é próprio da natureza humana. É um mal, sobretudo, no sentido clínico, um *Übel* que se compara àqueles que acometem o domínio físico e moral dos homens[324]. Sob esse aspecto, sua teoria encontra-se em posição oposta à demanda de Nietzsche pela solidão e sua elaboração do conceito de natureza em termos dinâmicos, que encontra na *origem* o lugar de uma violência essencial, dionisíaca — e aí reside toda a esparsa crítica que *Aurora* e alguns fragmentos tardios guardam contra Humboldt. Mas o importante não é tanto que, para este último, o papel do Estado derive da manutenção desse estado *gregário* original, mas que sua negatividade deriva sempre e unicamente dessa função meramente reguladora: a de impedir o crescimento dessa doença que é o 'desejo por mais <*Begierde*

---

321 Peter Hanns Reill argumenta que o pensamento de Humboldt, ao invés de se caracterizar como uma tomada de posição contra a *Aufklärung*, derivou de um tipo particular de teoria desenvolvido entre os filósofos esclarecidos a que Reill denomina "Enlightenment vitalism" (REILL, P. H., *loc. cit.*, p. 345). Esse tipo de desenvolvimento, no entanto, parece ter tido pouca penetração no círculo que se autodefiniu como esclarecido, e o que Reill chama de Esclarecimento tardio pode ser interpretado tembém como pré-romantismo. A assim chamada tese vitalista só pôde encontrar seu lugar, me parece, como contra-proposta para o mecanicismo newtoniano a que aderiram filósofos como Kant. É a ele que Humboldt se dirige, implicita ou explicitamente, é a ele que deve responder sua teoria política. Nietzsche, observando o neo-humanismo em seus escritos mais tardios, denunciou sua secreta filiação à *Aufklärung*, mas exatamente porque aquele surgiu, para as gerações que lhe seguiram, como uma rejeição das teses esclarecidas.

322 HOBBES, Th., *op. cit.*, p. 88.

323 HUMBOLDT, W. von, "*Ideen zu einen Versuch, die Gränzen der Wirksamkeit des Staats zu bestimmen*", p. 27.

324 *Idem*, p. 41.

nach mehr>"[325]. Purgando o homem de seus males, o Estado realiza seu único propósito: o de favorecer, para cada indivíduo, o desenvolvimento pleno de suas disposições espirituais, uma dinâmica que definia a própria noção de *Bildung* humboldtiana. Se houve uma regra em seu pensamento político, independente de ter logrado ou não efetivamente, ela se encontra formulada nos primeiros capítulos de seu ensaio sobre os limites do poder estatal, na medida em que reconduz esse poder às exigências de seu conceito de *Bildung*:

> A verdadeira razão <*die wahre Vernunft*> não pode desejar para o homem nenhuma outra condição <*Zustand*> senão aquela em que não somente todo indivíduo usufrui da liberdade mais individual <*ungebundensten Freiheit*> para desenvolver, por si mesmo, sua particularidade <*Eigenthümlichkeit*>, mas, antes, em que também a natureza física não receba nenhuma outra forma <*Gestalt*> forjada pelo homem <*Menschenhänden*>, em que todo indivíduo desse a si mesmo e voluntariamente as medidas de suas necessidades e de sua inclinação <*den Maasse seines Bedürfinisses und seiner Neigung*>, restrito apenas pelos limites de sua força e de seu direito.[326]

Como Nietzsche o faria muito depois, o texto sobre os limites da ação do Estado encontra o fundamento dessa dinâmica na *natureza* e exclui, portanto, toda intervenção positiva do poder oficial, todo direcionamento imposto nas instituições morais e de ensino de um povo como sendo nocivos à *Bildung*, que deveria se denvolver, desse modo, em um meio de absoluta e, o mais importante, *positiva* liberdade.

Oitenta anos antes de Nietzsche, Humboldt já havia identificado a que ponto a interferência positiva do Estado na formação cultural de um indivíduo e na cultura em geral do povo acabaria por falsificar a natureza do homem. É, de fato, surpreendente notar como a economia dos dois discursos se aproxima sob esse aspecto: o que no fim do século XVIII era denunciado como um perigo concreto, uma micropolítica do Estado que substituía os fins do desenvolvimento individual pela manutenção utilitarista e estéril

---

325 *Idem*. Cf., também, p. 20: "Considerado no melhor caso, o Estado de que falo aqui se compara, às vezes, ao médico, que aproxima a doença <*Krankhei*> e evita a morte".

326 HUMBOLDT, W. von, *"Ideen zu einen Versuch, die Gränzen der Wirksamkeit des Staats zu bestimmen"*, pp. 14-15.

da estabilidade social, surgiria, à época da reunificação, como um quadro já estabelecido, uma degeneração amplamente disseminada. A "maquinaria muito artificial <sehr künstliche Maschinerie>"[327] do Estado de Humboldt ameaçava impor ao homem uma finalidade anti-natural:

> E é exatamente essa a perspectiva <*Absicht*> dos Estados. Eles querem conforto e tranqüilidade, mas ambos são obtidos em um grau suave, onde os indivíduos entram em conflito uns com os outros muito pouco. Mas tudo o que o homem tem e precisa ter em vista <*beabsichten*> é completamente outra coisa, é a diversidade e a atividade <*Mannifaligkeit und Thätigkeit*>. Somente essas desenvolvem os caracteres <*Charaktere*> diversificados e potentes, e certamente não existe nenhum homem que tenha afundado tanto que prefira, para si mesmo, conforto e sorte à grandeza.[328]

A *Bildungsmaschine*[329] estatal, que Nietzsche denuncia no interior das instituições de ensino, já estava, por sua vez, a tal ponto arraigada na sociedade alemã, que havia, através de artifícios cada vez mais poderosos, sido completamente bem-sucedida em perverter a natureza da própria cultura, em instaurar sistematicamente um panorama onde os fins se transformam em meios, onde "o Estado alcança os fins do Estado <*Staatsziele*> através dela <da cultura>"[330]. Para as teses de *Sobre o futuro*, a instauração de um "Estado de cultura <*Kulturstaat*>"[331] é um fenômeno recente, derivado da ausência de unidade do espírito alemão. O termo *Kulturstaat* havia sido eventualmente empregado por Fichte, Humboldt e Hegel, mas, sobretudo na filosofia do direito desse último, ganhou uma

---

[327] *Idem*, p. 8.

[328] HUMBOLDT, W. von, "Ideen zu einen Versuch, die Gränzen der Wirksamkeit des Staats zu bestimmen", p. 17.

[329] *KSA* I, 740. A metáfora mecanicista de Humboldt e Nietzsche segue uma longa tradição que aproxima a mecanização da vida social da falsificação da destinação natural do homem, que remete, inclusive, a Kant (Cf. REILL, P. H., *loc. cit.*, pp. 347-348). Tornada célebre por La Méttrie, a metáfora do homem-máquina já aparecia, no entanto, em Hobbes e guarda, desde aí, uma função que se reverberará em Nietzsche: a de que a máquina é uma falsificação *intencional*, que ela é construída com um propósito. O historiador Hajo Holborn afirma que a ideia de um "Estado-máquina" opressor foi utilizada por todos os reformistas da Prússia do início do século XIX (HOLBORN, H., *A history of modern Germany, 1680-1840*, p. 393). Sobre esse ponto em Hobbes, cf. BOBBIO, N., *Thomas Hobbes and the natural law tradition*, pp. 37-38.

[330] *KSA* I, 713.

[331] Cf. *KSA* I, 706-707.

função sistemática. Nos *Princípios da filosofia do direito*, Hegel elabora uma definição de Estado contra a qual a filosofia da cultura de Nietzsche se colocará, obsessivamente, como antítese mais fundamental, dando o tom de toda a crítica do último ao primeiro: basta, para isso, compararmos a terceira conferência de 1872 com os primeiros parágrafos da terceira seção dos *Princípios*: "O Estado é, em si e para si, o todo ético <*das sittliche Ganze*>, a realização da liberdade, e é o fim <*Zweck*> absoluto da verdade, que é a verdadeira liberdade. O Estado é o espírito <*Geist*> que está no mundo e que realiza a si mesmo com consciência (...)"[332]. Humboldt, apesar de flertar com a ideia de *Kulturstaat*, também se ressente de uma unidade mais próxima do ideal clássico, capaz de favorecer uma dialética entre indivíduo e sociedade em termos diferentes dos de Hegel. O que o distancia de Nietzsche, no entanto — distância que deve ser explorada historicamente — é o tipo de síntese que produz essa unidade e, portanto, a que tipo de positividade o Estado, reconduzido à exclusiva negatividade de sua função, deve dar espaço.

É preciso ter em mente que o jacobinismo de Humboldt é de tipo muito particular: longe de ser revolucionário, em termos efetivos encontrou sua possibilidade nos limites da perspectiva em que foi formulado, ou seja, a perspectiva do próprio Estado. Sua ligação com o poder governamental foi, desde o começo, intensa e incontornável, e pelo número de seus escritos destinados ao diálogo com esse poder, não seria grande exagero afirmar que "sua relação com o Estado foi, definitivamente, uma ligação erótica"[333]. Ainda que sua teoria política dependesse de uma definição até certo ponto estética da harmonia da natureza humana[334], Humboldt compreendeu sua tarefa como fundamentalmente política. Nesse âmbito, o correspondente à unidade espiritual a que visava a *Bildung*, sua tradução administrativa, deveria

---

332 HEGEL, G. W. F., Grundlinien der Philosophie des Rechts (Werke, Bd. 7), p. 403.

333 BERGLAR, P. *op. cit.*, p. 79. Ao longo do texto, Peter Berglar caracteriza constantemente Humboldt como um "servidor do Estado <*Diener des Staates*>".

334 Humboldt definiu uma teoria das ideias que visava reconstruir a unidade da natureza do homem — individualmente ou como objeto de sua *Kultur* específica — a partir de uma dialética reconciliatória entre matéria e forma, mediada por um terceiro termo, a *Ideia*, compreendida não como elemento intelectual, mas como algo viveciável enquanto força (sobre a *Ideenlehre* de Humboldt, ver REILL, P. H., *loc. cit.*, pp. 361-366). Essa compreensão funciona no fundo das teses políticas do texto de 1792 e as sustenta; e mesmo em algumas passagens se manifesta brevemente: ali se afirma, por exemplo, que, no homem, "tudo se reduz a forma e matéria <Form und Materie>", mas "a forma, por outro lado, como que se torna matéria, uma forma ainda mais bela" (HUMBOLDT, W. von, "Ideen zu einen Versuch, die Gränzen der Wirksamkeit des Staats zu bestimmen", p. 12).

ser a unidade de uma Constituição. Ainda que posterior à unidade do espírito na ordem das razões, a unidade do Estado ocupou para Humboldt o primeiro lugar na ordem dos fatos. Segundo esse princípio, a própria *Bildung* pode surgir, ainda que provisória e dialeticamente, como condicionada como meio do poder do governo em busca de sua unificação: "Existem somente dois meios culturais <*Bildungsmittel*> para uma completude política <*ein politisches Ganzes*>: uma verdadeira Constituição <Verfassung> ou uma simples associação <*Verein*>"[335]. O tema da Constituição parece ter sido o fio condutor programático da filosofia política de Humboldt. Esse equilíbrio selou, aos olhos de Nietzsche, o destino da reforma neo-humanista, e, se suas ideias puderam ser resgatadas de alguma forma, isso só se deu a partir da inversão desses valores. A liberdade exigida nos escritos daquele primeiro derivou uma burocracia que, ainda que tivesse por fim restringir a arbitrariedade das ações do Estado, perverteu, ao longo de seu desenvolvimento histórico, a finalidade dos estabelecimentos de cultura. É verdade que a lei das instituições de ensino deveria, para Humboldt, ser dada no interior dessas. Administrativamente, o conteúdo pedagógico-científico das instituições de ensino "não pode ser determinado por nenhuma intenção que lhe seja externa"[336], mas a força dessa lei ainda era essencialmente extrínseca em relação à natureza da *Bildung*. A reforma institucional de Nietzsche não reorganiza a instituição por dentro, ela a redimensiona a partir de fora, para além desta: em última análise, ela é uma reforma exclusivamente *espiritual*, ao menos em sua intenção. Seguindo esse princípio topográfico, a crítica ao Estado deve ser externa — uma redistribuição não de sua representatividade, mas dos valores envolvidos nela. A dimensão estética da filosofia da cultura de Humboldt se realiza politicamente; a dimensão política da de Nietzsche, esteticamente. Vê-se o quanto a "colaboração cordial e desinteressada <*ungezwungenes und absichtlosen Zusammenwirken*>"[337] contínua entre cientistas de diferentes disciplinas está longe do centauro de *O nascimento da tragédia* ou

[335] HUMBOLDT, W. von, "Denkschrift über die deutsche Verfassung" *in Gesammelte Schriften*, Bd. XI, p. 98.

[336] Cf. HUMBOLDT, W. von, "*Ueber die innere und äussere Organisation der höheren wissenschaftlichen Anstalten in Berlin*" *in Werke in fünf Banden*, Bd. IV, p. 255, e o texto que precede a citação: "O conceito das instituições científicas superiores convergem em eixos <*Gipfels*> que são tudo o que é imediato para a cultura <*Kultur*> moral da nação <*Nation*>; baseados no fato de se determinarem a si mesmos, de tratar <*bearbeiten*> a ciência <*Wissenschaft*> no sentido mais profundo e amplo da palavra, e de fornecer o propósito <*Benutzung*> da formação espiritual e moral <*der geistigen und sittlichen Bildung*> não de acordo com nenhuma perspectiva senão a que esteja de acordo com seu conteúdo específico".

[337] HUMBOLDT, W. von, "*Ueber die innere und äussere Organisation der höheren wissenschaftlichen Anstalten in Berlin*", p. 256.

do *Gesamtkunstwerk*. É nesse sentido, e talvez somente nesse, que a reflexão pedagógica das conferências de 1872 é anti-neo-humanista — o que é suficiente, contudo, para desenhar, indelevelmente, a divisa entre a tradição humboldtiana e o novo tempo do greco-wagnerianismo. O *ethos* linguístico-disciplinar, luterano-militar, faz com que a unidade de um impulso natural possa, pelo esforço dialético próprio da *Bildung*, assumir sua função mais alta e substituir a unidade artificial burocrática do Estado, destruir, literalmente, seu lugar — e não colocar-se nele.

Há, portanto, uma soberania a ser preservada, mas ela é antípoda da soberania do Estado. A unidade que ela impõe não é igualitária, como a de Humboldt, ela é absoluta, como a de Hölderlin. Ela sempre ultrapassa tudo o que é particular e anti-natural, tudo o que é provisório ou esterilizante. Toda a epistemologia da linguagem de *O nascimento da tragédia* e outros textos afins já havia definido de forma suficientemente clara, como vimos, que o instinto e as pulsões são aquilo que, no indivíduo, sempre tende vertiginosamente a ultrapassá-lo. Em sentido completamente oposto, uma certa disposição particularista desperta nesse indivíduo a busca da autossatisfação, a confirmação de uma configuração do mundo que lhe garanta, todo o tempo, a permanência de uma normalidade e que, ao mesmo tempo em que estabiliza esse mundo, impede que qualquer coisa de novo possa nascer em seu interior. Uma política não-beligerante, que pacifica artificialmente, é, nesse contexto, fundamentalmente, uma política *castradora*. A segurança negativa, que Humboldt legava ao Estado[338], é associada aqui à destruição silenciosa da própria natureza do homem. O Estado que a sustenta é a extensão daquela disposição particularista, infértil dos sujeitos que se fecham sobre si mesmos e que, desse modo, impedem o movimento dialético entre *Bildung* e *Kultur*. Ao instaurar a predominância da autossatisfação — que surge nas conferências como um dos grandes perigos para a formação do *ethos* linguístico-disciplinar da juventude[339] — a política dos interesses egoístas e da paz artificial da sociedade — que são uma e a mesma coisa — insiste em um vocabulário que disfarça, eficientemente, o tipo de relação que ela exige dos indivíduos. Onde, por exemplo, se defende a independência, é preciso enxergar a submissão aos interesses privados, e o personagem do velho filósofo confessa aos que o ouvem: "E é precisamente essa independência

[338] Cf. HUMBOLDT, W. von, "*Ideen zu einen Versuch, die Gränzen der Wirksamkeit des Staats zu bestimmen*", p. 41: "a manutenção da segurança <*Sicherheit*>, tanto contra os inimigos externos quanto contra as disputas <*Zwistigkeiten*> internas constituem o fim <*Zweck*> do Estado e devem ocupar suas ações".

[339] Cf. *KSA* I, 680: "Pensemos ainda no perigo <*Gefahr*> que reside na luz excitada da autocomplacência <*Selbstgefälligkeit*> daqueles anos (...)".

<*Selbständigkeit*> que me deixa alarmado e sempre inquieto <*unerquicklich*> quando estou perto dos estudantes <*Studenten*> do presente"[340]. Personalidade, independência, originalidade — essas palavras do Estado são figuras que repetem o mesmo interesse particularista que pacifica pela erradicação de tudo que ultrapassa o individual, pelo embotamento da origem. É preciso resgatar "o sentido internamente destemido" que a primeira *Extemporânea* enxergava em Hobbes[341], na medida em que encarava a dinâmica da guerra como a única forma legítima, nesse sentido, da formação de um espírito supra-individual. O Estado deve, certamente, evitar a guerra destruidora, mas somente enquanto ele mesmo se investe da força viva do instinto que leva *ao bellum omnium contra omnes*, na medida em que é o uso disciplinado desse *Trieb*, e que se revela como "o braço de ferro, que constrange o processo social <*die den Gesellschaftsprozess erzwingt*>"[342]. Há muito, no diagnóstico de Nietzsche, esse modelo havia se perdido. E como não é possível resgatá-lo, resta à verdadeira cultura alemã ser o ultrapassamento de tudo o que é individual, especialmente da individualidade impessoal do Estado.

Seria, por isso, um equívoco, admitir que a filosofia da cultura de Nietzsche nesse momento poderia ser caracterizada como *individualista* apenas por não assumir o valor do Estado como positivo. A comparação com Humboldt pode desfazer essa suspeita[343]. Ainda que uma incontornável ênfase no caráter radicalmente autoformador dos indivíduos seja assinalada nos textos mais tardios, como seria o caso, por exemplo, de *Zarathustra*, a escatologia que ainda funciona em textos do período das conferências de 1872 impede qualquer leitura nesse sentido. Tudo se dá, é verdade, no âmbito dos sujeitos, na esfera do individual — mas apenas como *locus* de uma transformação dialética que conjuga a singularidade, depurada de toda forma de egoísmo ou egotismo, com o universal. A pedagogia de Nietzsche é, insistentemente, anti-individualista: a crítica às ideias de *sujeito* e *subjetividade* que tem lugar aqui é bem diferente daquela que terá lugar na década de 1880[344]. O que se rejeita nas conferências é a manutenção utilitarista da individualidade, uma

[340] *KSA* I, 739.

[341] *KSA* I, 194.

[342] *KSA* I, 772.

[343] Para uma discussão em torno desse suposto individualismo de Nietzsche, o artigo de Hermann Siemens no volume 30 da *Nietzsche-Studien*, *"Nietzsche's political philosophy: a review of recent literature"*, oferece um bom panorama. Cf., também, WARREN, M. "Nietzsche and Political Philosophy" *in Political Theory*, Vol. 13, No. 2.

[344] Nesse último sentido, cf., por exemplo, o fragmento de 1885-1886: "'Sujeito' e 'objeto' como interpretação <*Ausdeutung*>" (*KSA* XII, 139).

educação que coloque o individual antes do universal, e que não favoreça o surgimento da dialética desses dois termos na figura do gênio. Sob a forma da subjetividade, da "originalidade", da "personalidade", a verdadeira cultura se falsifica e se transforma segundo critérios particularistas. A falsa cultura subjetiva é, portanto, a micropolítica do Estado, a mediocrização artificial e a esterilização da sociedade, pois mesmo o elogio das formas pretensamente mais nobres do sujeito, incitadas pelo Estado no interior das instituições de ensino, é apenas uma imitação pálida da forma do gênio: "Mas mesmo nesta mais alta forma do sujeito <*Form des Subjekts*>, mesmo na maior necessidade <*Bedürfniss*> de um indivíduo <*Individuums*> mais amplo e como que coletivo <*colletiven*>, não se dá nenhum contato com a verdadeira cultura <*Bildung*>(...)"[345]. Isso porque "ele nunca esteve separado de seu desejoso e incansável sujeito <*seines begehrenden und rastlosen Subjektes*>(...)"[346]. Diretamente oposto ao modelo subjetivo, estatal, individualista da *Bildung*, o modelo do gênio funciona como *telos* da verdadeira cultura que Nietzsche pretende resgatar. Não como objetivo a ser alcançado através do ensino: não é possível "produzir" gênios, seu surgimento é espontâneo, como qualquer outro *fato natural* — "eles vêm por conta própria: a cegonha os traz para vocês! <sie kommen von selbst: der Storch bringt sie euch!>", diz o velho filósofo[347]. Só se pode falar de uma educação *para* o gênio nesse sentido preciso, o de uma pedagogia que possa impedir tudo o que é alheio e inimigo desse fato natural. O que o resgate da verdadeira *Bildung* que ela demanda é, a um só tempo, uma purificação da subjetividade na mesma medida em que é uma purificação do Estado, das instituições de ensino que ele insiste em tomar para si, de tudo o que é individual:

> Esses indivíduos <*Einzelnen*> devem completar seu trabalho, este é o sentido <*Sinn*> de sua instituição comum <*gemeinschaftlichen Instituition*> — e, de fato, um trabalho que como que purifica <*gereinigt*> os traços do sujeito <*Subjekt*> (...). E todos que têm alguma parte nesses institutos <Institute> devem se preparar com empenho para, através da purificação do sujeito, o nascimento do gênio <*die Geburt des Genius*>.[348]

[345] *KSA* I, 714.
[346] Idem.
[347] *KSA* I, 724.
[348] *KSA* I, 729.

O erro fundamental da modernidade que avança sobre a Alemanha e submete tudo ao seu regime utilitarista, fragmentado e vazio, é substituir a subjetividade do gênio — que ultrapassa a sua individualidade sob a forma de uma "subjetividade do mundo"[349] — pelo sujeito escravizado pelos interesses do Estado, que ele transformou, por uma fraqueza indisciplinada, em seus próprios interesses. O horror que Nietzsche experimentou ao ver o *Gymnasium* clássico se transformar na moderna *Realschule*[350] resume sua reação contra esse erro. Mas a difícil ética imposta como tarefa por essa revolta precisou redimensionar e atualizar tradições tão complexas — o luteranismo, o neo-humanismo, a disciplina militar — que talvez possamos encontrar aí uma primeira pista para compreender a que tipo de fracasso sua ideologia estava condenada. A tradição mais palpável do "mulher alemã, lealdade alemã, vinho alemão e canto alemão"[351] assumiu o destino que a disciplina estetizada e luterana de Nietzsche gostaria de ter alcançado — e na distância entre o que foi e o que poderia ter sido, toda leitura está, inescapavelmente, limitada pelas ambiguidades dessa escatologia que não foi nada além disso: uma ausência.

---

[349] Cf. o fragmento de 1871: "A subjetividade do mundo <*die Subjetivität der Welt*> não é uma subjetividade antropomórfica, mas uma mundana <*mundane*>: nós somos as figuras <*Figuren*> nos sonhos de Deus, que advinham como ele sonha" (*KSA* VII, 165).

[350] Na quarta conferência, Nietzsche lamenta que o *Gymnasium* tenha sido contaminado com o propósito utilitarista da *Realschule*: "Mas não posso suprimir essa dolorosa conclusão: se é verdade que a Realschule e o Gymnasium são, nos seus fins <*Zielen*> atuais, em geral tão unânimes, e somente em linhas muito sutis se distinguem, como que para poder alcançar uma completa igualdade no fórum do Estado <*Forum des Staates*> — então nos falta, assim, completamente, uma espécie de estabelecimento de educação <*Erziehungsanstalten*>: a espécie dos estabelecimentos de ensino <Bildungsanstalten>"(*KSA* I, 717). A *Realschule* era um tipo de escola técnica que tinha como objetivo fornecer treinamento técnico e comercial para uma população de jovens que visava inseri-los no mercado de trabalho, especialmente em pequenas cidades. Seu sucesso no quadro pedagógico da Alemanha em vias de industralização chegou a tal ponto que ameaçou e forçou certas transformações no ensino puramente humanista dos *Gymnasien*. A partir de 1882, ela deu origem a uma instituição híbrida, que refletia a entrada nos meios acadêmicos de uma nova classe social, emergente do avanço da indústra, e que pretendia equilibrar o treinamento técnico com o estudo do Latim: o *Realgymnasium*. Sobre a *Realschule*, cf. ALBISETTI, J. C., *Secondary school reform in imperial Germany*, pp. 29-30.

[351] Parte da segunda estrofe de *Das Lied der Deutschen*, poema composto por August Heinrich Hoffmann von Fallersleben em 1841, que serve de letra para o hino alemão.: "Mulher alemã, lealdade alemã, / vinho alemão e canto alemão / Devem sustentar no mundo / seu antigo e belo som / e nos inspirar a nobres ações/ por toda nossa vida / Mulher alemã, lealdade alemã, / vinho alemão e canto alemão <*Deutsche Frauen, deutsche Treue,/ Deutscher Wein und deutscher Sang/ Sollen in der Welt behalten/ Ihren alten schönen Klang,/ Uns zu edler Tat begeistern/ Unser ganzes Leben lang./ Deutsche Frauen, deutsche Treue,/ Deutscher Wein und deutscher Sang*>".

Epílogo

UMA PEDAGOGIA DA SOLIDÃO

« Un être vraiment heureux est un être solitaire »

Jean-Jacques Rousseau, Émile ou de l'éducation, livre IV

O homem solitário trai.

A solidão — esse exílio que não é uma pena, mas uma escolha — nos incomoda. Ao menos desde esse espaço inescapável de nossa modernidade. Desde o momento em que Kant definiu e defendeu o cosmopolitismo como a destinação do homem, o Outro é a *espécie*, e é na direção dela que o Homem Esclarecido, o *Gelehrter*, figura que norteia nossas exigências éticas e epistemológicas desde a *Aufklärung*, deve seguir. Um movimento *sublime*, pois é na medida em que limita sua sensibilidade, que sai de si, em nome e no sentido de uma espécie imediatamente intangível, que o indivíduo pode enfim encontrar-se como *homem*.

Isso implica, por exemplo, em Kant, uma *política da amizade* como política em direção ao Outro, no sentido cosmopolita — a exigência de uma *Bildung*, que faz soar ao fundo da pergunta kantiana "O que é o homem?"[352] a afirmação que abre sua *Pedagogia*: "O homem é a única criatura que precisa ser educada" (KANT 1999, Ak 441). Será preciso esperar ainda um tempo para que ela comece a ser lida às avessas. Um século depois de Kant, esta exigência encontrará o subtítulo de *Ecce Homo*, de Nietzsche — "*Como alguém se torna o que é <Wie man wird, was man ist>*" — deixando ver, enfim, um percurso onde algo é posto em questão. Entre a *Bildung*, a *formação* do homem esclarecido, e o *werden*, o *tornar-se* do subtítulo de Nietzsche, toda a relação entre pedagogia, cosmopolitismo e solidão se complica. "Fui compreendido?"[353], a pergunta ao final de *Ecce Homo* (ou a de Dioniso, contra o crucificado? — questão fundamental e

[352] KANT, I., *Logik*, Ak 25.
[353] *KSA* VI, 374.

fundamentalmente indecidível), assinala o ponto de chegada da trajetória desenhada pelo movimento consumado em torno da questão da educação. Há nesse movimento uma direção, diametralmente oposta àquela sugerida por Kant rumo à espécie. Mas essa direção se abre como o resultado de um progressivo afastamento por parte de Nietzsche das prerrogativas do projeto pedagógico esclarecido. Poderíamos marcar seus limites entre dois pontos: o primeiro é dado pelas cinco conferências pronunciadas pelo jovem Nietzsche na Universidade da Basileia, em 1872, sob o título "Sobre o futuro de nossos estabelecimentos de ensino"; o segundo anuncia-se na já referida pergunta de *Ecce Homo*. É preciso, portanto, como primeiro passo, demarcar os pontos de inflexão para uma possível genealogia desse percurso. É esse o caminho do solitário.

I

A pergunta se desdobra: quem suportará a traição do homem solitário? E se apresenta, de início, sob a forma de uma outra questão: *o que* ele trai?

Ele trai uma *ordem*. Sobretudo uma posição muito bem definida na arquitetônica da razão kantiana, e, portanto, no fundamento de nossa modernidade. No edifício crítico, a *amizade* é um dever indispensável à *Bildung* cosmopolita, ou seja, à inscrição do indivíduo em sua espécie. É sintomático, nesse sentido, que as passagens mais relevantes sobre a *amizade* redigidas por Kant só tenham sido possíveis na *Metafísica dos costumes*, de 1797, ou seja, após a consolidação do último pilar desse edifício — a *Crítica da faculdade do juízo* — em 1790. Trata-se, nessas passagens — que compreendem boa parte da seção intitulada "Dos deveres de virtude em relação aos outros" — de distinguir entre uma amizade *estética*, fundada sobre o amor e o sentimento de benevolência — muito mais próxima, portanto, do *pathos* individual — e uma amizade *moral*, possível a partir do *respeito*.[354] É esta última que abrirá mais amplamente a via da espécie, que colocara a *Bildung* sob a exigência dela, garantindo a possibilidade do *compartilhamento* da cultura. O raciocínio de Kant em torno da *amizade* moral pode ser reconstruído no espaço análogo àquele destinado ao conceito de *insociável sociabilidade <ungesellige Geselligkeit>* do artigo "Ideias para uma história universal de um ponto de vista cosmopolita", de 1786: ou seja, como a outra via possível pela qual a intersubjetividade, considerada pelo viés da *humanidade como um todo*, leva o homem ao desenvolvimento de sua Cultura.

[354] KANT, I. *Metaphysik der Sitten*, Ak 468-474.

Pois, se não encontrasse um outro a quem pudesse denominar *amigo*, um outro com o qual pudesse se comunicar através do respeito mútuo, o homem, esse "ser destinado à sociedade (ainda que seja também insociável)"[355] por medo do "abuso que os outros poderiam fazer da revelação de seus pensamentos" (*idem*), se veria obrigado a fechar-se eternamente sobre si mesmo e calar-se. O amigo é, portanto, a marca de pertencimento a uma espécie que, ainda que raramente ("rara avis in terris", dirá Kant, citando Juvenal) nos surge como saída de nós mesmos, e nos eleva na direção da cultura cosmopolita. Eis, assim, esquematicamente, a economia da amizade como dever em Kant.

Entre a cultura e a solidão, o homem moderno e esclarecido se deixa decidir para além de si mesmo. Há aí uma demarcação precisa da qual a modernidade não poderá se livrar. Mesmo os Românticos, mesmo uma certa exaltação nostálgica da solidão na figura do eremita não será possível senão sob o peso do Homem. Afinal, não é difícil reconhecer que é a ele que o Empédocles de Hölderlin se sacrifica, por exemplo. A especificidade da relação formação cultural- amizade entre os modernos pode ser lida como uma espécie de inversão do problema tal como era abordado na Grécia clássica — e por isso mesmo, entre outros tantos motivos, a volta aos antigos tornou-se *leitmotiv* de toda uma geração moderna. Michel Foucault tentou identificar como funcionava, entre os gregos, a articulação política-cultura-solidão. "A racionalidade do governo dos outros é a mesma racionalidade do governo de si mesmo", diz no terceiro volume de sua *História da Sexualidade*[356]. Ou seja, como em Sêneca, aprende-se a cuidar do outro, governa-se bem a cidade, é um detentor do saber em geral aquele que detém o saber e domínio de si mesmo. O político vem se inscrever na esfera individual porque não há entre eles, de fato, diferença: o menor gesto, mesmo para com o corpo, é um gesto potencialmente público. Ora, em Kant — em nossa modernidade — tudo se passa de uma outra maneira, diríamos mesmo, de uma maneira inversa. O político e o individual agora se divorciam, numa relação que é necessária, mas equívoca. E o homem, para chegar a seu real estatuto tem que sacrificar a irrelevância de seus gestos em nome de um transcendental mais forte que cada um isoladamente. A partir de agora, o Eu recebe sua assinatura após ter sido autorizado — eis o termo empregado por Kant — pelo grande Outro ao qual o dever da amizade lhe garante o acesso. Vale a pena citar integralmente a passagem da *Metafísica dos costumes* que confirma essa inversão:

"Quero que cada um testemunhe minha benevolência (*benevolentia*), devo então, também, ser benevolente entre todos os outros. Mas, como todos os

355 KANT, I. *Ideen...*, Ak 471.
356 FOUCAULT, M., Histoire de la sexualité. Le souci de soi, p. 110.

outros, excluindo eu, não são todos os homens, a máxima não derivaria dela mesma a universalidade de uma lei; o que é, portanto, necessário para que haja obrigação é que a lei do dever de benevolência me compreenda a mim mesmo como objeto dessa benevolência no comando da razão prática (...) a razão legisladora, que, em sua ideia de humanidade em geral, inclui a espécie inteira (eu, inclusive), me inclui, na medida em que comanda universalmente no dever de benevolência recíproca, seguindo o princípio de igualdade entre todos os outros e eu, e te autoriza a te mostrares benevolente para contigo mesmo sob condição de que cuides também de qualquer outro".[357]

Pode-se, certamente, demonstrar, em Kant, a distinção entre benevolência, amizade estética e amizade moral, mas o fundamental aqui é que todas funcionam na economia da razão moderna como uma saída da individualidade na direção do todo da espécie como saída de uma formação propriamente esclarecida, e excluem, assim, a figura insustentável desse que se exila voluntariamente, do homem solitário. Por isso, a via de Nietzsche, sua *démarche*, segue, em pouco mais de dez anos, no sentido de uma impossível reconciliação.

II

"Filosofia, tal como até agora a entendi e vivi, é a vida voluntária no gelo e nos cumes"[358].

Essa frase, retirada do "Prólogo" de *Ecce Homo*, é o lugar de chegada de um caminho sinuoso e íngreme. Quase vinte anos antes de sua derradeira "obra", a posição de Nietzsche quanto a uma possível formação cultural do homem ainda se mantinha equívoca, poderíamos dizer mesmo, *ambígua*. Nas conferências *Sobre o futuro de nossos estabelecimentos de ensino* o diagnóstico de Nietzsche é claro: o projeto pedagógico da *Aufklärung* falhou, e tudo que resta ao seu redor são estabelecimentos não de formação, mas da *miséria de viver* <*Lebensnoth*>[359]. É para contrapor a esses estabelecimentos uma forma *verdadeira* de cultura que Nietzsche elabora seu diagnóstico: o projeto pedagógico esclarecido certamente falhou, mas seriam prerrogativas, apenas

---

357 KANT, I., *Ideen...*, Ak 451.

358 *KSA* VI, 258

359 Cf. NIETZSCHE, 1988, Bd. 1, p. 717: "De minha parte, conheço somente uma verdadeira oposição, estabelecimentos de ensino <*Anstalten der Bildung*> e estabelecimentos de miséria de viver <*Anstalten der Lebensnoth*>: à segunda espécie pertencem todos os existentes, mas é da primeira que eu falo".

por esse motivo, ilegítimas? No momento em que Nietzsche pronuncia suas conferências, sua resposta a essa questão parece muito mais próxima de uma negativa. E isso se observa em dois níveis.

Inicialmente, por essa defesa de uma forma superior de cultura, que, no fundo, também norteava as reflexões dos intelectuais alemães do começo do século XIX a respeito de uma reforma dos estabelecimentos de ensino. É interessante notar como, sob vários aspectos, a defesa da cultura erguida aqui por Nietzsche coincide com as propostas de Wilheim Von Humboldt em seu projeto para a fundação da Universidade de Berlin, de 1810, encomendado pelo governo de Frederico Guilherme III[360]. Em ambos encontramos, mantidas todas as diferenças, a defesa de teses fortes como a do limite da interferência do Estado nas instituições superiores de ensino — já que "o que está em jogo é a possível perda dos objetivos propriamente intelectuais e nobres em detrimento de preocupações materiais e mesquinhas"[361] — e a da detenção da responsabilidade de formação nas mãos de um pequeno número de homens, o que anuncia uma espécie de cosmopolitismo aristocrático[362].

Em segundo lugar, há nesse texto um certo respeito tácito em relação àqueles que Nietzsche depois viria a combater mais abertamente, como é o caso de Kant — na quinta conferência chega-se mesmo a lançar mão da força do imperativo categórico como analogia da força de uma verdadeira cultura[363].

---

360 O plano de construir uma universidade segundo as exigências de um ensino moderno e cosmopolita — e, por isso, genuinamente germânico — já vinha sendo pensado pelo governo de Frederico Guilherme III. Karl Friedrich Beyme foi o funcionário do governo encarregado, desde 1800, de viabilizar o projeto. Uma das evidências do poder funcional do *Gelehrter* na sociedade de então é a solicitação que Beyme faz aos principais intelectuais universitários no sentido de apresentarem suas ideias do que seriam os princípios e regras desse estabelecimento. Friedruch Schleiermacher, J. G. Fichte, August Wolff e Wilheim von Humboldt apresentam suas propostas. O modelo proposto por este último parece ter harmonizado de maneira mais completa a exigência de uma instituição de ensino superior que deve encontrar sua finalidade em si mesma e de uma administração estatal mais abrangente e menos intrusiva.

361 HUMBOLDT, W. von, "Über die innere und äussere Organisation der höheren wissenschaftlichen Anstalten in Berlin" In.: *Werke in fünf Bänden, Bd. IV*, p. 83.

362 Cf. a consonância da afirmação de Humboldt de que "o esforço do espírito" "apenas em poucos se encontra em estado puro. Para que seja eficaz, produzindo efeitos significativos e duradouros, basta que tal esforço esteja presente em poucas pessoas ou mesmo em poucas ocasiões" (*op. cit.*, p. 86) com a posição nietzscheana que chega mesmo a prescrever que "a concentração da cultura por poucos é uma lei necessária <*nothwendiges Gesetz*> da Natureza" (NIETZSCHE< 1988, Bd. 1, p. 647).

363 NIETZSCHE, 1988, Bd. 1, pp. 749-750. Essa demarcação cronológica deve ser visada de forma essencialmente estratégica, já que encontramos, por exemplo, nas anotações íntimas de Nietzsche, desde muito cedo, um certo combate à filosofia kantiana — embora, certamente, nada tão incisivo quanto se mostrará mais tarde, tanto em sua obra póstuma quanto em sua obra publicada.

Poderíamos multiplicar os exemplos quanto à ambiguidade da crítica de Nietzsche em relação à pedagogia esclarecida: a importância dada às ideias de autonomia e formação cultural, como à figura do gênio, ratifica incessantemente essa posição. Contudo, limitamo-nos aqui a assinalar que, na medida em que os conceitos da Aufklärung ainda são solicitados por Nietzsche na economia de sua crítica, o que está em jogo não é tanto o que resta de fundamental do projeto educacional de Kant ou de seus sucessores, mas sim o seu destino. O grande inimigo de Nietzsche nesse momento não é a *Aufklärung*; essa se tornará seu alvo pouco depois. O que interessa agora é combater a burocratização da cultura, e é contra a figura de Hegel que Nietzsche se dirige. Em um fragmento póstumo do mesmo período Nietzsche acusa a "influência de Hegel" de favorecer uma generalização — seguida de uma banalização — da cultura, que pretenderia formar "funcionários cultivados". E vai além: "essa cultura universal é apenas um estágio anterior do comunismo"[364].

Em suas primeiras críticas à ideia de *Bildung*, Nietzsche ainda fala em nome de uma verdadeira cultura, ainda é representante de uma classe — a dos professores universitários alemães que se levantam contra a tecnicização dos estabelecimentos de ensino. Para que a crítica assuma sua direção mais extrema, será preciso dar um passo além, principalmente, de sua contemporaneidade. Será preciso que o pensamento de Nietzsche se afine numa outra direção, se desvinculando, por exemplo, do peso exercido pela figura de Wagner no momento que Pierre Klossowski chama de "aspecto helenisante" da filosofia nietzscheana[365]. O representante de uma cultura verdadeira, aos poucos, se exilará. O gênio cederá seu lugar a Zaratustra.

III

Falamos de cumes, de subidas, de elevação. Mas o caminho de Nietzsche-Zaratustra-Dioniso não é também, e, anteriormente, um *aprofundamento*? A altura surge na coincidência desse ir além com um ir aquém: passagem propriamente crítica de Nietzsche — poderíamos dizer uma investigação acerca das condições?

O texto que abre *Aurora* dá testemunho desse caráter concomitantemente bidirecional, subterrâneo e emergente, das investigações de Nietzsche em torno da possibilidade de uma formação. A tonalidade aqui assumida estabelece

---

[364] *KSA* VII, 243.

[365] KLOSSOWSKI, P., Nietzsche et le cercle vicieux, p. 40.

novos vínculos entre essa possibilidade e a, agora inescapável, ideia de solidão: esta como condição daquela:

> Nesse livro se acha um "ser subterrâneo" a trabalhar, um ser que perfura, que escava, que solapa. (...) Certamente ele retornará: não lhe perguntem o que busca lá em baixo, ele mesmo logo lhes dirá, esse aparente Trofônio e ser subterrâneo, quando novamente tiver se "tornado homem". Um indivíduo desaprende totalmente o silenciar quando, como ele, foi por tão longo tempo toupeira, solitário.[366]

Nesse passo o pensamento de Nietzsche experimenta a vertigem de sua tarefa. É Klossowski, mais uma vez, que nos lembra da importância dessa apreensão, a saber, "que um pensamento não suba senão descendo, não progrida senão regredindo — *inconcebível espiral, da qual a "inútil" descrição repugna*"[367]. Esse passo, ao mesmo tempo, compreende a questão de uma *Bildung* possível como um necessário combate à cultura, em um movimento igualmente duplo: combate e ascensão. Isso o torna um solitário, pois a única formação cultural ainda pensável é lançada *contra* a humanidade — não mais como seu representante indignado, nem como oferta, mas como desafio, como remédio.

A dinastia na qual Nietzsche parece se inscrever aqui nos remete a Rousseau. Ainda que Nietzsche tenha Rousseau em conta mais incerta, chegando a denominá-lo de "tarântula moral"[368], um ressentido em relação aos homens, inventor de uma idílica Natureza originária[369], os paralelos a serem traçados não deixam dúvidas quanto à legitimidade de uma analogia entre os movimentos de um e de outro autor. Tanto quanto Nietzsche, o filósofo francês também mergulha, em seus últimos anos, na solidão e na loucura. Sua última obra escrita, publicada postumamente, *Os devaneios do caminhante solitário <Les rêveries du promeneur solitaire>*, anunciam inequivocamente essa condição:

---

[366] *KSA* III, 11.

[367] KLOSSOWSKI, P., op. cit., p. 14.

[368] *KSA* III, 14.

[369] Cf., por exemplo, o parágrafo 17 de *Aurora*, em que Nietzsche identifica a "época de Rousseau" como aquela em que os homens "estavam tão fartos uns dos outros, que quiseram de todo modo um canto <*Weltwinkel*>, aonde o Homem não pudesse chegar com seu tormento: inventou-se a "boa natureza"

> Eis-me aqui, sozinho sobre a terra, não tendo mais irmão, próximo, amigo, sociedade senão eu mesmo. (...) Ei-los estrangeiros, desconhecidos, ninguém, enfim, para mim, já que assim o quiseram. Mas eu, desatado deles e de tudo, quem sou? Eis o que me resta procurar.[370]

Embora a acusação nietzscheana não seja aqui desprovida de sentido, fica evidente em que tom a questão da formação — denunciada na pergunta de Rousseau "quem sou?" — afina-se: na *solidão*. Mas, insistimos com Nietzsche, não há ainda aí a sombra imperiosa do Homem? Será preciso ainda muito para se livrar dela, para se pensar uma *formação* fora do modelo da *Bildung*.

Entra Zaratustra. Nem mesmo ele terá sido totalmente avesso a uma pedagogia. Há ainda nele algo do eremita — tributo ou ataque aos românticos? Pouco importa, já que se trata de uma questão indecidível. Em última instância, o ressentimento de Rousseau encontra como contrapartida justamente o anseio de Zaratustra, o de voltar aos homens, o de dividir sua sabedoria. É claro que tudo se passará de modo distinto a partir daí, como numa espécie de resposta a Rousseau, a esse seu amor pelos homens tão incontornável que o levou ao isolamento. A "queda <*Untergang*> de Zaratustra"[371] começa no último suspiro de seu devaneio pedagógico.

O homem solitário tornará impossível a reconciliação. Toda a questão em torno da *Bildung* desaparece no horizonte de um novo problema, que sequer, talvez, possa ser colocado *de uma vez por todas* — ele reaparece a cada momento que quisermos formular a pergunta sobre o fundamento, sobre o fundo escuro que solapamos com nossa linguagem. Esse não-dito é próprio daquele que fez a pergunta sobre o *tornar-se* — metamorfose última do anseio pelo formar-se — coincidir com o silêncio. Não seria a loucura, para além do *sentido* do mero devaneio que lhe quiseram atribuir, a realização mesma do pensamento de Nietzsche? Impensável: o homem solitário se cala.

---

370 ROUSSEAU, J.-J., *Les rêveries du promenaire solitaire*, p. 35.

371 *KSA* IV, 12.

BIBLIOGRAFIA

Obras de Nietzsche em alemão:

NIETZSCHE, F. (1974-84). **Briefwechsel**, hrsg. von Colli, Montinari, 16 Bände, Berlin und New York: de Gruyter. (=KGB)

______. (1920-1922). **Gesammelte Werke**, hrsg. von. Max Oehler und Richard Oehler, München: Musarion. (=Mus.)

______. (1986). **Sämtliche Briefe. Kristische Studienausgabe in 8 Bänden,** hrsg. von Giorgio Colli und Mazzino Montinari, Munchen, Berlin und New York: Deutscher Taschenbuch Verlag und Walter de Gruyter. (= KSB)

______. (1980). **Sämtliche Werke. Kristische Studienausgabe in 15 Bänden,** hrsg. von Giorgio Colli und Mazzino Montinari, Munchen, Berlin und New York: Deutscher Taschenbuch Verlag und Walter de Gruyter. (= KSA)

______. (1967ff). **Werke. Kritische Gesamtausgabe** hrsg. von Giorgio Colli und Mazzino Montinari, Berlin/New York: Walter de Gruyter. (=KGW)

______. (1933-1942). **Werke - Historisch-Kritisch Gesamtausgabe,** 5 Bände, hrsg. von H. J. Mette und K. Schlechta, München: C. B. Beck.(=HKG)

______. (1956). **Werke in drei Bänden,** hrsg. von K. Schlechta, München: C. Hanser. (=WdB)

Obras de Nietzsche traduzidas consultadas:

NIETZSCHE, F. (2004). **Aurora**, trad. Paulo Cesar de Souza. São Paulo: Companhia das Letras.

______. (1995). **Ecce Homo**, trad. Paulo Cesar de Souza. São Paulo: Companhia das Letras.

______. (1999). **Genealogia da moral**, trad. Paulo Cesar de Souza. São Paulo: Companhia das Letras.

______. (1999). **O caso Wagner/ Nietzsche contra Wagner**, trad. Paulo Cesar de Souza. São Paulo: Companhia das Letras.

______. (1999). **O nascimento da tragédia**, trad. Jacob Guinsburg. São Paulo: Companhia das Letras.

______. (2000). **Oeuvres**, v. 1, « Collection de la Pléiade ». Paris: Gallimard.

______. (1970-1988). **Œuvres philosophiques complètes,** 12 vol. Paris: Gallimard.

______. (2004). **On the future of our Educational Institutions**, trad. Michael W. Grenke. South Bend: St. Augustine Press.

______. (1994). **Premiers écrits**, trad. Jean-Louis Backès. Paris: Le cherche midi.

______. (1990). **Sur Démocrite — fragments inédits**, trad. Philippe Ducat. Paris: Metailié.

______. (1973). **Sur l'avenir de nos établissements d'enseignement**, trad. Jean-Louis Backès. Paris: Gallimard.

______. (1995). **Unpublished writings from the period of Unfashionable Observations**. Stanford: Stanford University Press.

Outros autores:

ABBAGNANO, N. (1998). **Dicionário de filosofia**, 3 ª ed. São Paulo: Martins Fontes.

ABEL, G. (2001). Bewusstsein - Sprache — Natur. Nietzsches Philosophie des Geistes. In: **Nietzsche-Studien**, Bd. 30.

ALBISETTI, J. C. (1983). **Secondary school reform in imperial Germany**. New Jersey: Princeton University Press.

ALLISON, D. B. (1986). "Some remarks on Nietzsche's draft of 1871, 'On Music and Words'". Em: **New Nietzsche Studies**, vol 1, vol. 1/ 2.

ANDERSON, B. (1989). **Nação e consciência nacional**. São Paulo: Ática.

ANDERSON, E. N. (1941). "German Romanticism as an Ideology of Cultural Crisis". Em: **Journal of the History of Ideas**, Vol. 2, No. 3.

ANDLER, Ch. (1958). **Nietzsche, sa vie et sa pensée**, 3 vol. Paris: Gallimard.

ANÔNIMO. (1861). "Philologie und Naturwissenschaft". Em: **Preussische Jahrbücher — siebenter Band**. Berlin: Georg Reimer.

AUSMUS, H. J. (1978). "Nietzsche and Eschatology". Em: **The Journal of Religion**, Vol. 58, No. 4.

BACKÈS, J.-L. (1994), "Préface". Em: NIETZSCHE, F., **Premiers écrits**. Paris: Le cherche midi.

BAEUMER, M. L. (1976). "Nietzsche and the tradition of Dionysian". Em: O'FLAHERTY, J. et. Al. (org.), **Studies in Nietzsche and the Classical tradition**. Chapel Hill: University of North Carolina Press.

BALD, D. (1981). "The Impact of Tradition on the Education of the Military in Germany". Em: **Military Affairs**, Vol. 45, No. 3.

BALDER, H.-G. (2006). **Geschichte des Deutschen Burschenschaft**. Hilden: WJK-Verlag.

BALFOUR, I. (2002). **The rhetoric of Romantic Prophecy**. Stanford: Stanford University Press.

BARBOSA, R. (2004). **Schiller e a cultura estética**. Rio de Janeiro: Zahar.

BAUDELAIRE, Ch. (1980). **Oeuvres complètes**. Paris: Robert Laffont.

BAYERTZ, K. (1983). "Naturwissenschaft und Sozialismus: Tendenzen der Naturwissenschafts-Rezeption in der deutschen Arbeiterbewegung des 19. Jahrhunderts". Em: **Social Studies of Science**, Vol. 13, No. 3.

BEHLER, E. (1995). "Nietzsche's Study of Greek Rhetoric". Em: **Research in Phenomenology**, n.25.

BEISER, F. (1996). "Romantic aesthetic and politics" . Em: BEISER, F. (ed.). **The early political writings of the German Romantics**. Cambridge: Cambridge university Press.

BENJAMIN, W. (1993). **O conceito de crítica de arte no Romantismo Alemão**. São Paulo: Iluminuras.

BENNE, Ch. (2005). **Nietzsche und die historisch-kritische Philologie**. Berlin und. New York: Walter de Gruyte.

BERGLAR, P. (1970). **Wilhelm von Humboldt. Mit Selbstzeugnissen und Bilddokumenten**. Hamburg: Rowohlt.

BERNHARDY, G. (1832). **Grundlinien zur Enzyklopädie der Philologie**. Halle: Eduard Anton.

BERTHOLD, M. (2001). **História mundial do teatro**. São Paulo: Perspectiva.

BIRTSCH, G. (1987). "Die Berliner Mittwochgesellschaft". Em: BÖDEKER, E. & HERMANN, U., (hrsg.), **Über den Prozess der Aufklärung in Deutschland im 18. Jahrhundert: Personen, Institutionen und Medien**. Göttingen: Max Planck Institut.

BISMARCK, O. von. (1972). "Carta ao Sr. Puttkammer". Em: LANGENBUCHER, W. (org.), **Antologia humanística alemã**. Porto Alegre: Editora Globo.

BLONDEL, E. (1986). **Nietzsche, le coprs et la culture**, Paris: PUF.

BLUHM. H. (1943). "Das Lutherbild des Jungen Nietzsche". Em: **PMLA,** Vol. 58, No. 1.

BOBBIO, N. (1993). **Thomas Hobbes and the natural law tradition**. Chicago: University of Chicago Press.

BÖNING, Th. (1988). **Metaphysik, Kunst und Sprache beim frühe Nietzsche**. Berlin/ New York: de Gruyter.

BORCHMEYER, D. & SALAQUARDA, J. (1994). **Nietzsche und Wagner - Stationen einer epochalen Begegnung, Band 1: Briefwechsel**. Frankfurt a. M.: Insel.

BORNHEIM, G. (1998). "Introdução à leitura de Winckelmann". Em: **Páginas de filosofia da arte**, Rio de Janeiro: Uapê.

BORNMANN, F. (1994). "Anekdota Nietzscheana aus dem philologischen Nachlaß der Basler Jahre (1869-1878)". Em: VENTURELLI, A. et al. (hrsg.) "**Centauren-Geburten»: Wissenschaft, Kunst und Philosophie beim jungen Nietzsche**. Berlin/New York: de Gruyter.

BORSCHE, T. (1994). "Natur-Sprache: Herder — Humboldt — Nietzsche". Em: VENTURELLI, A. et al. (hrsg.) "**Centauren-Geburten»: Wissenschaft, Kunst und Philosophie beim jungen Nietzsche**, Berlin/New York: de Gruyter.

BROBJER, Th. (2007). "Nietzsche's Relation to Historical Methods and Nineteenth-Century German Historiography". In **History and Theory**, n.46.

CANCIK, H. (1995). **Nietzsches Antike**. Stuttgart: J. B. Metzler Verlag.

CAYGILL, H. (2000). **Dicionário Kant**. Rio de Janeiro: Zahar.

CAVALCANTI, A. H. (2005). **Símbolo e Alegoria: a gênese da concepção de linguagem em Nietzsche**. São Paulo/ Rio de Janeiro: Annablume/ Fapesp/ DAAD.

CLARK, W. (2006). **Academic Charisma and the Origins of the Research University**. Chicago: Chicago University Press.

COHEN-HALIMI, M. (2000). "Notice de **Sur l'avenir de nos établissements de l'enseignement** ". Em: NIETZSCHE, F. **Oeuvres**, v. 1, " Collection de la Pléiade ". Paris: Gallimard.

COOPER, D. E. (1983). **Authenticity and learning — Nietzsche's educational philosophy**. London: Routledge & Kegan Paul.

CRAWFORD, C. (1988). **The beginnings of Nietzsche's theory of language**. Berlin/ New York: de Gruyter.

______. (1995). **To Nietzsche: Dionysus, I love you! Ariadne**. New York: State University of New York Press.

CRÉPON, M. (2000). **Le malin génie des langues**. Paris: Vrin.

CRESCENZI, L. (1994). "Verzeichnis der von Vietzsche aus der Universitätsbibliothek in Basel entliehenen Bücher (1869-1870)". Em: **Nietzsche-Studien**, Bd. 23.

CREUZER, Fr. (1854). **Zur Geschichte der Classischen Philologie**, Frankfurt a. M.: Joseph Baer.

DAUM, A. W. (2002). "Science, Politics, and Religion: Humboldtian Thinking and the Transformations of Civil Society in Germany, 1830-1870". Em: **Osiris, 2nd Series**, Vol. 17.

DAVEY, N. (1991). "Hermeneutics and Nietzsche's early thought". Em: ANSELL-PEARSON, K. (ed.). **Nietzsche and modern German Thought**. London: Routledge.

DE MAN, P. (1979). **Allegories of reading — figural language in Rousseau, Nietzsche, Rilke, and Proust**. New Haven/ London: Yale University Press.

DEL CARO, A. (1989). "Dionysian Classicism, or Nietzsche's Appropriation of an Aesthetic Norm". Em: **Journal of the History of Ideas** , Vol. 50, No. 4.

_______. (1989). **Nietzsche contra Nietzsche — Creativity and the Anti-Romantic**. Baton Rouge: Louisiana State University Press.

_______. (2004). "Nietzsche's Rhetoric on the Grounds of Philology and Hermeneutics". Em: **Philosophy and Rhetoric,** Vol. 37, No. 2.

DERRIDA, J. (1992). "Che cos'è la poesia ?". Em: **Points de suspension**. Paris: Galilée.

_______. (1978). **Éperons — les styles de Nietzsche**. Paris: Flammarion.

_______. (1978). **Otobiographies**. Paris: Galilée.

DIETHE, C. (2003). **Nietzsche's Sister and The Will to Power: A Biography of Elisabeth Förster-Nietzsche**. Illinois: University of Illinois Press.

DORFMÜLLER, Petra & KONETZNY, Rudolf (hrsg.). (2003). **Schulpforta, 450 Jahre Schulgeschichte. Ein Lesebuch, 3. Aufl**. Leipzig: Gehrig.

DÖRR, G. (2007). **Muttermythos und Herrschaftsmythos, Zur Dialektik der Aufklärung um die Jahrhundertwende bei den Kosmikern, Stefan George und in der Frankfurter Schule**. Würzburg: Königshausen & Neumann.

DUCAT, P. (1990). "Présentation". Em: NIETZSCHE, F. **Sur Démocrite — fragments inédits**. Paris: Metailié.

ELIADE, M. (1992). **O sagrado e o profano**. São Paulo: Martins Fontes.

ELIAS, N. (1994). **O processo civilizador,** vol. 1. Rio de Janeiro: Zahar.

ELIAS, N. (1997). **Os alemães**. Rio de Janeiro: Jorge Zahar.

EMDEN, Ch. (2004). "Metaphor, perception and consciousness: Nietzsche on Rhetoric and neurophysiology". Em: MOORE, G. e BROBJER, Th. (ed.). **Nietzsche and Science**. Hampshire: Ashgate.

______ (2005). **Nietzsche on language, consciousness and the body**. Chicago:University of Illinois Press.

______. (2004). "The invention of antiquity: Nietzsche on Classicism, Classicality and Classical tradition". Em: BISHOP, P. (ed.). **Nietzsche and antiquity**. New York: Camden.

FALANGA, G. (2005). **Die Humboldt-Universität**, Berlin: Berlin Story.

FEUERBACH, L. (1848). **Grundsätze der Philosophie der Zukunft**. Zurich und Winterthur: Verlag des literarischen Comptoirs.

FICHTE, J. G. (1971). **Werke**, Bd. VI, hrsg. von Immanuel Hermann Fichte. Berlin: Walter de Gruyter.

FLASHAR, H. (1979). "Die methodisch-hermeneutischen Ansätze von Friedrich August Wolf und Friedrich Ast". Em: FLASHAR, H. et all (hrsg.). **Philologie und Hermeneutik im 19. Jahrhundert**. Göttingen: Vandenhoeck & Ruprecht.

FORD, G. S. (1910). "Wöllner and the Prussian Religious Edict of 1788 — part I". Em: **The American Historical Review**, Vol. 15, No. 2.

______ (1910). "Wöllner and the Prussian Religious Edict of 1788 — part II". Em: **The American Historical Review**, Vol. 15, No. 3.

FORNARO, S. (2006). "Wilhelm von Humboldt und die Altertumswissenschaft an Schule und Universität" **in** SEIDENTISCHER, B. & MUNDT, F. (hrsg.), **Altertumswissenschaft in Berlin um 1800 an Akademie, Schule und Universität**, Berlin: Wehrhahn.

FÖRSTER-NIETZSCHE, E. (1915). **Wagner und Nietzsche zur Zeit ihr Freundschaft**. München: s/ed.

FOUCAULT, M. (1997). **Il faut défendre la société**. Paris: Seuil: Gallimard.

______. (1969). **L'archéologie du savoir**. Paris: Gallimard.

______. (1966). **Les mots et les choses**. Paris: Gallimard.

______. (2001). **L'herméneutique du sujet**. Paris: Seuil/ Gallimard.

______. (1994), "Nietzsche, la généalogie, l'histoire". Em: **Dits et écrits**, vol. II. Paris: Gallimard.

______. (1994). "Préface à la transgression". Em: **Dits et écrits**, vol. I. Paris: Gallimard.

______. (1990). "Qu'est-ce que la critique? <Critique et **Aufklärung**>". Em: **Bulletin de la Societé française de philosophie**, 84e. année, n.2.

FOUCAULT, M. (1994). "Qu'est-ce que les Lumières ?". Em: **Dits et écrits**, vol. IV. Paris: Gallimard.

FURTMAIR, M. (1853) **Philosophisches Real-Lexikon**. Augsburg: Verlag der Karl Kollmaschen Buchhandlung.

GADAMER, H.-G. (1990). **Wahrheit und Methode I**. Em: **Gesammelte Werke**, Bd. 1. Tübingen: Mohr Siebeck.

GASCHÉ, R. (1981). "Autobiography as Gestalt: Nietzsche's Ecce Homo". Em: **boundary 2**, Vol. 9, No. 3.

GENTILI, C. (2004). "Noch einmal: Nietzsche ein politischer Reaktionär und Antisemit?". Em: **Nietzsche-Studien**, Bd. 33.

GERHARDT, V. (1992). **Friedrich Nietzsche**. München: C. H. Beck.

GEUSS, R. (1996). "Kultur, Bildung, Geist". Em: **History and Theory**, Vol. 35, No. 2.

GIRARDOT, R.G. (1966). **Nietzsche y la filología clássica.** Buenos Aires: EUDEBA.

GOCH, K. (1995). "Franziska Nietzsche in Röcken — Ein Blick auf die deutsch-protestantische Pfarrhauskultur". Em: **Nietzscheforschung**, Bd. 2.

GÖDDE, G. (2002). "Nietzsches Perspektivierung des Unbewussten". Em: **Nietzsvhe-Studien**, Bd. 31.

GOETHE (1850-1851). **Sämmtliche Werke in dreissig Bänden**. Stuttgart e Tübingen: Cotta.

GOSSMAN, L. (2002). **Basel in the age of Burckhardt**. Chicago: Chicago University Press.

GOTH, J. (1970). **Nietzsche und die Rhetorik**. Tübingen: Max Niemeyer Verlag.

GRAY, R., T. (1995). "Translator's Afterword". Em: NIETZSCHE, F. **Unpublished writings from the period of Unfashionable Observations**. Stanford: Stanford University Press.

GREGOR-DELLIN, M. (1980). **Richard Wagner: Sein Leben - Sein Werk - Sein Jahrhundert**. München: Piper.

GREGORY, F. (1992). **Nature lost? — National Science and the German Theological Traditions of the Nineteenth Century**. Massachusetts: Harvard University Press.

GRENKE, M. (2004). "Translator's Introduction". Em: NIETZSCHE, F. **On the future of our educational Institutions**. South Bend: St. Augustine's Press.

GRIMM, J. & W. (1854-1960). **Deutsches Wörterbuch**. Leipzig: Hirzel.

GUTZWILLER, H. (2002). **Friedrich Nietzsches Lehrtätigkeit am Basler Pädagogium, 1869-1876**, Reprint aus der Basler Zeitschrift für Geschichte und Altertumskunde 1951. Basel: Verlag der historischen und antiquarischen Geselschaft.

HAAR, M. (1971). "Nietzsche and metaphysical language". Em: **Man and World**, vol. 4, n.4.

HAGENBECK, C. (1908). **Von Tieren und Menschen - Erlebnisse Und Erfahrungen**. Berlin: Vita.

HAHN, H.-J. (1998). **Education and Society in Germany**. Oxford/ New York: Berg.

HAMMERSTEIN, N. (2002). "As relações com as autoridades". Em: RÜEGG, W. **Uma história da universidade na Europa**, vol II. Lisboa: Imprensa Nacional / Casa da Moeda.

HARTSHORNE Jr., E. Y. (1937). **The German Universities and National Socialism**. London: George Allen & Unwin.

HAUSER, A. (1998). **História social da arte e da literatura**. São Paulo: Martins Fontes.

HAZELTON, R. (1943). "Nietzsche's contribution to the theory of language". Em: **The philosophical review**, vol. 52, n. 1.

HEGEL, G.W.F. (1986). **Werke in zwanzig Bänden**. Frankfurt am Main: Suhrkamp.

HEINZE, B. (1990). "Persönlichkeitsentwicklung als Ziel der Bildung: Aus der Sicht eines Psychologen". Em: **Internationale Zeitschrift für Erziehungswissenschaft**, Vol. 36, No. 2.

HEINE, H. (1893). **Gesammelte Werke**, Bd. 5, 2 Aufl. Berlin: G. Grote'sche Verlagsbuchhandlung.

HERDER, J. G. (1965). **Ideen zur Philosophie der Geschichte der Menschheit**, 2 Bde. Berlin und Weimar: Aufbau.

______. (1877-1913). **Abhandlung über den Ursprung der Sprache**. Em: **Sämmtliche Werke**. Berlin.

HERMANN, G.(1835). **Recension von Herrn K. O. Müllers Eumeniden des Aeschylus**. Leipzig: Ernst Fleischer.

HEUSER, B. (1990). "Museums, Identity and Warring Historians-Observations on History in Germany". Em: **The Historical Journal**, Vol. 33, No. 2.

HIS, E. (2002). **Friedrich Nietzsches Heimatlosigkeit**. Reprint aus der Basler Zeitschrift für Geschichte und Altertumskunde, 1941. Basel: Verlag der historischen und antiquarischen Geselschaft.

HOBBES, Th. (1991). **Leviathan**. Cambridge: Cambridge University Press.

HÖDL, H. G. (1997). **Nietzsches frühe Sprachkritik**. Wien: WUV-Universitätsverlag.

HOFFMANN, D. M. (1991). **Zur Geschichte des Nietzsche-Archivs.** Berlin und New York: de Gruyter.

HÖHN, R. (1963). **Die Armee als Eriehungsschile der Nation**. Bad Harzburg: Verlag für Wissenschaft, Wirtschaft und Technik.

HOLBORN, H. (1964). **A History of Modern Germany, 1648-1840**. New Jersey: Princeton University Press.

______. (1959). **A History of Modern Germany — the Reformation**. New Jersey: Princeton University Press.

HOWARD, Th. A. (2006). **Protestant Theology and the making of Modern German University**. Oxford: Oxford University Press.

HUMBOLDT, W. von. (2006). "Einwirkung ausserordentlicher Geisteskraft — Civilization, Cultur und Bildung". Em: HEIDERMANN, W. & WEINIGER, M. J. (org.). **Wilhelm von Humboldt — Linguagem, Literatura, Bildung** (edição bilíngue). Florianópolis: Universidade Federal de Santa Catarina.

______. (1903). **Gesammelte Werke**. Berlin: B. Behr's Verlag.

______. (2006). "Theorie der Bildung des Menschen". Em: HEIDERMANN, W. & WEINIGER, M. J. (org.). **Wilhelm von Humboldt — Linguagem, Literatura, Bildung** (edição bilíngue). Florianópolis: Universidade Federal de Santa Catarina.

______. (2002). **Werke in fünf Bänden, Bd. IV — Schriften zur Politik und zum Bildungswesen**. Stuttgart: J. G. Cotta.

JAMME, Ch., & SCHNEIDER, H. (hrsg.). (1984). **Mythologie der Vernunft: Hegels' ältleste Systemprogramm' des deutschen Idealismus**. Frankfurt am Main: Suhrkamp.

JANZ, C. P. (1993). **Friedrich Nietzsche. Biographie**. München: Hanser.

JEISMANN, K.-E. (1998). "Das preussische Gymnasium in sozialgeschichtlicher Perspektive". Em: KAUFHOLD, H. K. & SÖSEMANN, B., **Wirtschaft, Wissenschaft und Bildung in Preussen: Zur Wirtschafts- und Sozialgeschichte Preussens vom 18. Bis zum 20 Jahrhundert**. Stuttgart: Franz Steiner Verlag.

JOINSTEN, K. (1995). "Nietzsches Verständinis des 'Genius' in der frühen Pase seines transanthropologischen Denkens". Em: **Nietzscheforschung**, Bd. 2.

KANT, I. (1977). **Werke in zwölf Bänden**. Frankfurt a. M.: Suhrkamp.

KAUFMANN, T. (2001). "Antiquarianism, the History of Objects and the History of Art before Winckelmann". Em: **Journal of the History of Ideas**, Vol. 62, No. 3, Jul..

KAUFMANN, W. (1968). **Nietzsche — Philosopher, Psychologist, Antichrist**, 3rd ed. New York: Vintage.

KENT, G. O. (1982). **Bismarck e seu tempo**. Brasília: UnB.

KING, D. B. (1982). "Culture and Society in Modern Germany: a summary view". Em: STARK, G. D. & LACKNER, B. K. **Essays on Culture and Society in Modern Germany**. Arlignton: University of Texas Press.

KJAER, J. (1994). "Die Relevanz der Berücksichtung von Nietzsches Kindheit beim Interpretieren und Gebrauch seiner Philosophie". Em: **Nietzscheforschung**, Bd.1.

KLEIN, W. (1998). "The philosopher as writer: form and content in Nietzsche". Em: **New Nietzsche Studies**, vol. 2, n. 3 /4.

KLOSOWSKI, P. (1978). **Nietzsche et le cercle vicieux**. Paris: Mercure de France.

KNAPE, J. (2000). "Humanismus, Reformation, **deutsche Sprache** und **Nation**". Em: GARDT, A. (hrsg.). **Nation und Sprache: Die Diskussion ihres Verhältnisses in Geschichte und Gegenwart**. Berlin/ New York: de Gruyter.

KOHN, H. (1950). "Romanticism and the Rise of German Nationalism". Em: **The Review of Politics**, Vol. 12, No. 4.

______. (1945). "Treitschke: National Prophet". Em: **The Review of Politics**, Vol. 7, No. 4.

KOKEMOHR, R. (1993). **Zukunft als Bildungsproblem — Die Bildungsreflexion das jungen Nietzsche** Düsserldorf: Henn.

KRELL, D. F. (2005). **The Tragic Absolute: German Idealism And The Languishing Of God**. Washington: Indiana University Press.

LACOUE-LABARTHE, P. (1986). **L'imitation des modernes — Typographies II**. Paris: Galilée.

______. (1979). "Hölderlin et les grecs". Em: **Poétique**, n.40.

______. (1970). "Le détour". Em: **Poétique**, n. 5.

LACOUE-LABARTHE, Ph., e NANCY, J.-L. (1970). "Rhétorique et langage". Em: **Poétique**, vol. 5.

LANDERER, C., & SCHUSTER, M.-C. (2002). "Nietzsches Vorstudien zur **Geburt der Tragödie** in Ihrer Beziehung zur Musikästhetik Eduard Hanslicks". Em: **Nietzsche-Studien**, Bd. 31.

LANDGRAF, E. (2006). "Comprehending Romantic Incomprehensibility — A Systems-Theoretical Perspective on Early German Romanticism". Em: **MLN**, n. 121.

LANTERNARI, V. (1962). "Messianism: Its Historical Origin and Morphology". Em: **History of Religions**, Vol. 2, No. 1.

LAWLER, E. G. (1986). **David Friedrich Strauss and his Critics**. New York/ Frankfurt am Main: Peter Lang.

LEBRUN, G. (2006). "Quem era Dioniso?". Em: **A filosofia e sua história**. São Paulo: CosacNaify.

______. (2006). "Uma escatologia para a moral". Em: **A filosofia e sua história**. São Paulo: Cosac Naify.

LEMPA, H. (2007). **Beyond the Gymnasium — Educating the Middle Class Bodies in Classical Germany**. Lanham: Lexignton Books.

LENOIR, T. (1980). "Kant, Blumenbach, and Vital Materialism in German Biology". Em: **Isis,** Vol. 71, No. 1.

LÉON, X. (1927). **Fichte et son temps**, tome II. Paris: Armand Colin.

LEVINE, P. (1995). **Nietzsche and the Modern Crisis of the Humanities.** New York: State University of New York Press.

LIEBEL, H. (1971). "The Enlightenment and the Rise of Historicism in German Thought". **Eighteenth-Century Studies,** Vol. 4, No. 4.

LIÉBERT, G. (1995) **Nietzsche et la musique**. Paris: PUF.

LOVEJOY, A. O. (1916). "On the Meaning of 'Romantic' in Early German Romanticism". Em: **Modern Language Notes**, Vol. 31, No. 7.

LOVEJOY, A. O. (1917). "On the Meaning of 'Romantic' in Early German Romanticism II". Em: **Modern Language Notes**, Vol. 32, No. 2.

LÖWY, M. (1990). **Romantismo e messianismo**. São Paulo: Perspectiva.

LUKÁCS, G. (1973). **Die Zerstörung der Vernunft,** Bd. 2. Darmstadt/Neuwied: Hermann Luchterhand.

LUTERO, M. (1877). **An den Christlichen Adel deutscher Nation**. Halle: Max Niemeyer.

______. (1991). **Die Werke Matin Luthers**. Göttingen: Vandenhoeck und Ruprecht.

MANENT, P. (1977). **Naissances de la politique moderne — Machiavel/Hobbes/Rousseau**. Paris: Payot.

MANN, H. (1995). **Der Untertan**. Leipzig: Fischer Taschenbuch Verlag.

MANVELL, R. (1974). **SS e Gestapo**. Rio de Janeiro: Renes.

MARABINI, J. (1989). **Berlim no tempo de Hitler**. São Paulo: Companhia das Letras.

MASSEY, M. C. (1977). "David Friedrich Strauss and His Hegelian Critics". Em: **The Journal of Religion**, vol. 57, No. 4, Oct.

McCLELLAND, Ch. E. (1973). "Berlin Historians and German Politics". Em: **Journal of Contemporary History**, Vol. 8, No. 3.

______. (1989). "Science in Germany". Em: **Osiris,** 2nd Series, Vol. 5.

______. (1982). "The Wise Man's Burden". Em: STARK, G. D. & LACKNER, B. K., **Essays on Culture and Society in Modern Germany**. Arlignton: University of Texas Press.

MENDELSSOHN, M. (1974). "Über die Frage: was heisst aufklären?". Em: BAHR, E. (hrsg.). **Was ist Aufklärung — Thesen und Definitionen**. Stuttgart: Reclam.

MILLER, L. (1992). "Between Kulturnation and Nationalstaat: The German Liberal Professoriate, 1848-1870". Em: **German Studies Review**, Vol. 15.

MILLIGNTON, B. (org.). (1994). **Wagner — um compêndio**. Rio de Janeiro: Jorge Zahar.

MONTINARI, M. (1999). "Interpretações nazistas". Em: **Cadernos Nietzsche**, vol. 7.

MORTON, M. (2002). "German Romanticism: The Search for 'A Quiet Place'". Em: **Art Institute of Chicago Museum Studies**, Vol. 28, No. 1.

MOST, G. W. (1997). "One Hundred Years of Fractiousness: Disciplining Polemics in Nineteenth-Century German Classical Scholarship". Em: **Transactions of the American Philological Association,** Vol. 127.

MÜTZELL, J.(hrsg.). (1861). "Programme der Hannoverschen Gymnasien 1860". Em: **Zeitschrift für das Gymnasialwesen — Funfzehenter Jahrgang, erster Band**. Berlin: Theodor Enslin Verlag.

NEHAMAS, A. (1999). "Nietzsche and 'Hitler'". Em: **Southern Journal of Philosophy**, vol. 37.

______. (1985). **Nietzsche — life as Literature**. Cambridge: Harvard University Press.

NORDENBO, S. V. (2002). "**Bildung** and the thinking of **Bildung**". Em: **Journal of Philosophy of Education**, vol. 36, n. 3.

NORMAN, J. (2002). "Nietzsche and early Romanticism". Em: **Journal of the History of Ideas**, vol. 63, n. 3.

NYHART, L. K. (2002). "Teaching Community via Biology in Late-Nineteenth-Century Germany". Em: **Osiris, 2nd Series**, Vol. 17.

O'FLAHERTY, J. C. (1988). **The Quarrel of reason within itself: essays on Hamann, Michaelis, Lessing, Nietzsche**. Columbia: Camden House.

OVERBECK, F. (1981). "Erinnerung an Friedrich Nietzsche". Em: GILMAN, S. L., **Begegnungen mit Nietzsche**. Bonn: Bouvier.

PALLAT, L. (1906). "Kunst- und Kunstgeschichte Museen". Em: HINNEBERG, P. (hrsg.), **Die Kultur der Gegenwart — Teil I, Abt. I**, Berlin/ Leipzig: B.G. Teubner.

PAULSEN, F. (1902). **Die deutschen Universitäten und das Universitätsstudium**. Berlin: Asher & Co.

PENNY, G. H. (2002). "The Civic Uses of Science: Ethnology and Civil Society in Imperial Germany". Em: **Osiris**, 2nd Series, Vol. 17.

PESTALOZZI, J. H. (1905). "Von der Erziehung". Em: NARTORP, P. (hrsg.). **Klassiker der Pädagogik**, Bd. XXIV, II. Teil, Langensalza: Dreker.

PFEFFER, R. (1972). **Nietzsche: Disciple of Dionysus**. Pittsburg: Bucknell University Press.

PICART, C. J. S. (1997). "Nietzsche as Masked Romantic". Em: **The Journal of Aesthetics and Art Criticism**, Vol. 55, No. 3.

PODACH, E. (1961). **Friedrich Nietzsches Werke des Zusammenbruchs**. Heidelberg: Wolfgang Rothe.

PORTER, J. I. (2000). **Nietzsche and the philology of the future**. Stanford: Stanford University Press.

PÖSCHL, V. (1979). "Nietzsche und die klassische Philologie". Em: FLASHAR, H. et all (hrsg.). **Philologie und Hermeneutik im 19. Jahrhundert**. Göttingen: Vandenhoeck & Ruprecht.

PRUTZ, R. E. (1961). **Lyrik und Prosa**. Leipzig: Reclam.

PÜTZ, P. (2001). "Nietzsche und der Antisemitismus". Em: **Nietzsche-Studien**, Bd. 30.

QUICK, R. H. (1896). **Essays on educational reformers**. New York: Appleton & Co.

RABINBACH, A. (1985)."Between Enlightenment and Apocalypse: Benjamin, Bloch and Modern German Jewish Messianism". Em: **New German Critique**, No. 34.

READINGS, B. (1996). **The University in ruins**. Massachusetts: Harvard university Press.

REEVES, M. (1969). **The Influence of Prophecy in the Later Middle Ages: A Study in Joachimism**. Oxford: Oxford University Press.

REHDER, H. (1976). "The Reluctant Disciple: Nietzsche and Schiller". Em: O'FLAHERTY, J. et. al. (org.). **Studies in Nietzsche and the Classical tradition**. North Carolina: Chapel Hill.

REILL, P. H. (1994). "Science and the Construction of the Cultural Sciences in Late Enlightenment Germany: The Case of Wilhelm von Humboldt". Em: **History and Theory**, Vol. 33, No. 3.

RETALLACK, J. (1993). "From Pariah to Professional? The Journalist in German Society and Politics, from the Late Enlightenment to the Rise of Hitler". Em: German Studies Review, Vol. 16, No. 2.

RICHARD, L. (1988). **A república de Weimar**. São Paulo: Companhia das Letras.

RIEDL, P. Ph. (1997). **Öffentliche Rede in der Zeitenwende**. Tübingen: Max Niemeyer.

RILEY, H. M. K. (1979). "Some German Theories on the Origin of Language from Herder to Wagner". Em: **The Modern Language Review,** Vol. 74, No. 3.

RINGER, F. K. (2000). **O declínio dos mandarins alemães**. São Paulo: Edusp.

ROBERTS, T. T. (1996). "'This Art of Transfiguration Is Philosophy': Nietzsche's Asceticism". Em: **The Journal of Religion**, Vol. 76, No. 3.

ROEHR, S. (2003). "Freedom and Autonomy in Schiller". Em: **Journal of the History of Ideas,** Vol. 64, No. 1.

ROSSET, C. (1967). **Schopenhauer, philosophe de l'absurde**. Paris: PUF.

ROUSSEAU, J.-J. (1964). **Les rêveries du promeneur solitaire**. Paris: Garnier-Flammarion.

ROYCE, J. (1912). "Some Relations between Philosophy and Science in the First Half of the Nineteenth Century in Germany". Em: **Science, New Series**, Vol. 38, No. 982.

RUEHL, M. A. (2001). "Basel und Nietzsche". Em: **Nietzsche-Studien**, Bd. 30.

SCHAUB, H. & ZENKE, K. G. (2000). **Wörterbuch Pädagogik**. München: Deutscher Taschenbuchverlag.

SCHILLER, F. (1962) **Sämtliche Werke**, Bd. 5. Müncher: Hanser.

SCHLEGEL, F. (1967). **Kritische-Friedrich-Schlegel-Ausgabe**, Bd. 2. München: Schöningh.

SCHNEIDER, J. (1992). "Nietzsches Basler Vorträge 'Ueber die Zukunft unserer Bildungsanstalten' im lichte seiner Lektüre pädagogischer Schriften". Em: **Nietzsche-Studien**, Bd. 21.

SCHOPENHAUER, A. (2004). **A arte de ter razão ou Tratado sobre a honra**, trad. Alexandre Krug, 2ª ed. São Paulo: Martins Fontes.

______. (1877). **Die Welt als Wille und Vorstellung**, 2 Auflage. Leipzig: Brockhaus.

______. (2003). **Metafísica do belo**, trad. Jair Barboza. São Paulo: Unesp.

______. (1877). **Sämtliche Werke**. Leipzig: Brockhaus.

______. (2001). **Sobre a filosofia universitária**, trad. Maria Cacciola e Márcio Suzuki, 2ª ed. São Paulo: Martins Fontes.

______. (2005). **Sobre o ofício do escritor**, trad. Luiz Sérgio Repa, 2ª ed. São Paulo: Martins Fontes.

SCHRIFT, A. D. (1985). "Language, Metaphor, Rhetoric: Nietzsche's deconstruction of Epistemology". Em: **Journal of the history of philosophy**, vol. XXIII, n. 3.

SÉNEQUE (s/d). **Oeuvres complètes**, t. II. Paris: Garnier.

SELIGMANN-SILVA, M. (1993). "A redescoberta do idealismo mágico". Em: BENJAMIN, W. **O conceito de Crítica de arte no Romantismo alemão**. São Paulo: Iluminuras.

SHEEHAN, J. J. (1977). **German Liberalism in the Nineteenth Century**. Chicago/ London: The University of Chicago Press.

SIEMENS, H. (2004). "Nietzsche and the Classical". Em: BISHOP, P. (ed.). **Nietzsche and Antiquity**. New York: Camden.

______. (2001). "Nietzsche's political philosophy: a review of recent literature". Em: **Nietzsche-Studien**, n. 30.

SIMONIS, Linda. (2001). "Der Stil als Verführer: Nietzsche und die Sprache der Performativen". Em: **Nietzsche-Studien**, Bd. 31.

SLOTERDIJK, P. (2004). **O quinto "evangelho" de Nietzsche**. Rio de Janeiro: Tempo Brasileiro.

SORKIN, D. (1983). "Wilhelm Von Humboldt: The Theory and Practice of Self-Formation (Bildung), 1791-1810". Em: **Journal of the History of Ideas**, Vol. 44, No. 1.

SPENCER, S. (1995). "Gostos literários". Em: MILLIGNTON, B. (org.). **Wagner — um compêndio**. Rio de Janeiro: Jorge Zahar.

STAROBINSKI, J. (2001). **As máscaras da civilização**. São Paulo: Companhia das Letras.

______(1974). **Trois fureurs**. Paris: Gallimard.

STEINER, G., **A morte da tragédia**. São Paulo: Perspectiva, 2006.

STROUX, J. (1925). **Nietzsches Professur in Basel**. Jena.

STÜBIG, H. (2002). "The Prussian German Army: School of the Nation in the Nineteenth Century — Institutional Mechanisms and Its Consequences for Educational Policy". Em: **European Education**, vol. 34, no. 3.

SWEET. P. R. (1973). "Young Wilhelm Von Humboldt's Writings (1789-93) Reconsidered". Em: **Journal of the History of Ideas**, Vol. 34, No. 3.

THORNHILL, C. (2007). **German Political Philosophy — the Metaphysics of Law**. London: Routledge.

TRAUGOTT, S. (1981). "Erinnerungen an den Gymnasiallehrer Friedrich Nietzsche". Em: GILMAN, S. L. **Begegnungen mit Nietzsche**. Bonn: Bouvier.

TREITSCHKE, H. von. (1975). **History of Germany in the nineteenth century**, trad. Eden e Cedar Paul. Chicago: University of Chicago Press.

TRIESCH, M. (1971). "Germanistik oder 'Deutsche Studien'". Em: **Die Unterrichtspraxis / Teaching German**, Vol. 4, No. 1.

TURNER, R. S. (1983). "Historicism, **Kritik**, and the Prussian Professoriate, 1790 to 1840". Em: BOLLACK, M. und WISMANN, H. **Philologie und Hermeneutik im 19. Jahrhundetr II**. Göttingen: Vandenhoeck &Rumprecht.

ULRICHS, L.-T. (2006). "Das ewig sich selbst bildende Kunstwerk. Organismustheorien in Metaphysik und Kunstphilosophie um 1800". Em: **Internationales Jahrbuch des Deutschen Idealismus**, vol. 4.

V.V.A.A. (1974). **The Dictionary of the history of Ideas**, 4 vol. New York: Schibner's.

VICK, B. (2002). "Greek Origins and Organic Metaphors: Ideals of Cultural Autonomy in Neohumanist Germany from Winckelmann to Curtius". Em: **Journal of the History of Ideas,** Vol. 63, No. 3.

VOGT, E. (1979). "Der Methodenstreit zwischen Hermann und Böckh und seine Bedeutung für die Geschichte der Philologie". Em: FLASHAR, H. et all (hrsg.). **Philologie und Hermeneutik im 19. Jahrhundert**. Göttingen: Vandenhoeck & Ruprecht.

WAGNER, C. (1976-1977). **Die Tagebücher**, 2 Bände. München: Piper.

WAGNER, R., **Briefe in Originalausgabe**, 2 Folge. Leipzig: Breitkopf & Härtel, 1912.

_______. (1963). **Mein Leben**. München: List.

_______. (1911). **Sämtliche Schriften und Dichtungen - Volksausgabe**, 16 Bände. Leipzig: Breitkopf & Härtel.

WAITE, G. (1983). "The Politics of Reading Formations: The Case of Nietzsche in Imperial Germany (1870-1919)". Em: **New German Critique,** n. 29.

WARREN, M. (1985). "Nietzsche and Political Philosophy". Em: **Political Theory**, Vol. 13, No. 2.

WESTFALL, J. (2004). "Zarathustra's Germanity: Luther, Goethe, Nietzsche". Em: **Journal of Nietzsche Studies,** n. 27.

WHITMAN, J. (1986). "Nietzsche in the magisterial tradition of German classical philology". Em: **Journal of the History of Ideas**, vol. 47, n. 3, Jul-Sep.

WILAMOWITZ-MÖLLENDORFF, U. von. (1969). "Zukunftsphilologie!". Em: Gründer, K. (hrsg.), **Der Streit um Nietzsches 'Geburt der Tragödie'**. Hildesheim: Georg Olms Verlagsbuchhandlung.

WINCKELMANN, J. J. (1825). **Sämtliche Werke**. Donaueschingen: Verlag deutscher Classiker.

WISCHKE, M. (1994). "Friedrich Nietzsche Bekanntschaft mit der Romantik in Pforta und ihr widersprüchlicher Einfluss auf sein etische Denken". Em: **Nietzscheforschung**, Bd.1.

WOLF, Fr. A. (1833). **Darstellung der Alterthumswissenschaft**. Leipzig: August Lehnhold.

______. (1839). **Vorlesungen über die Alterthumwissenschaft**. Leipzig: Verlag der Lehnhold'schen Buchhandlung.

YELLE, R. (2000). "The Rebirth of Myth?: Nietzsche's Eternal Recurrence and Its Romantic Antecedents". Em: **Numen**, Vol. 47, No. 2.

ZEDLER, J. H. (1732-1751). **Grosses vollständiges Universal-Lexicon aller Wissenschaften und Künste**. Halle und Leipzig: Verlagts Johann Heinrich Zedler.

Este livro foi impresso nas oficinas gráficas da Kotter Editorial [www.kotter.com.br] em papel pólen Suzano off-white, de 90g/m2, tipologia Crimson Text 10/14, na primavera de 2016.

Cumprindo seu papel social e ambiental, a Editora doou todas as aparas de papel resultantes desse livro à Associação de Catadores de Papel Verde Iraí. CNPJ: 15.055.164/0001-93. Presidida pelo senhor João Batista Teixeira. **Reciclar é preciso!**